KB239887

10억 오르는 아파트 고르는 법

100세 노후대책
아파트 한 채로 끝낸다

10억 오르는 아파트 고르는 법

최정환 지음

아라크네

전국이 땅 열풍이다. 서점에 가보니 땅에 관한 책이 넘쳐나고 있다. 아파트 시장의 광풍이 끝나기도 전에 땅 투자가 바통을 이어받았다. 어떤 책은 돈 한 푼 없이도 땅 사는 방법을 가르쳐준다고 하고 어떤 책은 "아파트를 팔아서 땅을 사라"고도 한다. 2천만 원 땅 투자로 3년 안에 22억 원을 벌 수 있다고 하고, 땅 투자를 하면 1년에 10배는 번다고 한다.

그럼 정말로 아파트를 팔고 땅을 사야 할까? 냉정하게 생각해보자. 아파트 하나 제대로 못 산 사람이 땅 투자에 성공할 리 만무하다. 차라리 자신의 아파트를 한 번 더 연구하는 게 백 번 낫다. 땅 투자를 하더라도 그 다음이어야 한다.

아파트도 땅이다. 그러나 아무리 이야기해도 아파트가 땅이라고 믿는 사람들은 많지 않다. 마치 허황된 부자들 이야기나 재테크 책이 불티나게 팔리듯 당장 단기간에 시세차익을 볼 수 있는 분양권이나 주상복합 청약에만 열광한다.

아파트 시장에서 돈 번 사람들은 '아파트가 곧 땅'이라고 일찍 간파한 사람들이다. 아파트를 땅으로 보고 10년 전에 산 사람들은 정확히 투자한 금액의 10배 내지 20배를 벌었다. 거짓말이라고? 믿기 어렵다고?

1994년에 강남구 대치동의 1억 6천만 원짜리 대치주공 31평을 전세 끼고 8천만 원에 산 사람이 있다. 이 아파트는 현재 재건축이 추진되면서 45평의 분양권 값이 15억 원을 호가한다. 추가 분담금을 냈다고 생각하면 오산이다. 오히려 재건축을 추진하면서 현금으로 수천만 원을 환급받았다. 또 1985년에 입주한 목동 신시가지 아파트 30평은 분양가 대비 현재 거의 20배가 올랐다.

그거야 이제 다 지난 옛날이야기 아니냐고 할 사람이 혹시 있을지 모르겠다. 그러나 10년을 생각하면 아직도 투자할 곳은 많다. 내 집에 살면서 동시에 투자까지 하는 것이 낫다. 적어도 10년 동안은 아파트 시대가 계속될 것 같기 때문이다. 출산율이 낮아 인구 감소가 우려된다고도 하고 보유세를 높인다고도 하니 아파트 값이 오르기 어렵다고 생각하는 사람들이 제법 있는 것 같다. 하지만 오히려 그러한 이유로 인해 차별화, 양극화가 진행될 것이다. 따라서 적어도 서울에서는 10배, 20배는 아니더라도 지금 어떤 집을 선택하느냐에 따라서 수 배 이상 재산 차이가 날 수 있다.

『내집마련 기술』을 펴낸 뒤 많은 사람들에게 좋은 책을 냈다는 이야기를 많이 들었다. 그 책을 읽고 감동을 받아 절약을 하고 집을 사야겠다고 다짐했다는 이야기도 많이 들었다. 그러나 한편으로는 좋은 책이기는 하지만 2% 부족하다는 서평도 있었다. 손에 꼭 쥐어주는 특별한 재테크 방법을 기대한 사람들이었을 것이다.

그러나 글 뒤에 숨은 이야기를 간파한 사람들은 "결국 강남 아파트를 사라는 이야기군요"라고 말하곤 했다. 책을 읽어도 받아들이는 사람에 따라 해석이 전혀 반대가 된다는 것은 신선한 발견이었다.

아무튼 이 책이 그 2% 부족한 것을 채워줄지 모르는 일이다. 그러나 사람에 따라서는 또 실망을 하는 경우도 있을 수 있다. 그러나 내집마련에 대해 고민하고, 아파트에 대해 연구하고, 부동산에 대해 애정을 가지고 재테크를 하려는 분들께는 분명 유용한 책이 될 것이라고 믿는다.

또 다시 책을 쓸 기회를 주신 아라크네 김연홍 사장께 감사를 드리며 책을 쓰느라 집안일에 소홀했던 나를 이해해주었던 아내 경원에게 고맙다는 말을 전하고 싶다.

2004년 11월
무교동 사무실에서
최정환

차례

이런 아파트를 사라

 아파트에 대해 알아야 할 모든 것

1장

오르는 아파트로 갈아타라

지금이야말로 부동산 가치투자가 필요한 때다

10년 전에 2억 원짜리 아파트를 산 사람이 10년 동안 팔지 않고 가지고 있었다면 지금 어떻게 됐을까? 놀라지 마시라! 어떤 사람이 산 아파트는 10년 전 가격 그대로인 반면 또 어떤 사람이 산 아파트는 15억 원 이상 올랐다.

왜 그럴까? 똑같은 평수의 아파트인데도 말이다. 서울과 지방의 아파트 비교가 아니다. 같은 서울의 아파트를 비교한 것이다.

강남 대치동에 재건축 중인 동부 센트레빌 아파트가 바로 그 주인공이다. 10년 전에 시세가 2억 원 이하였던 대치동 주공 고층아파트 31평을 산 사람들은 현재 15억 원을 호가하는 45평 분양권을 가지고 있다. 더 놀라운 것은 재건축이 추진되면서 추가 분담금 없이 오히려 수천만 원씩 환급금을 받았다는 사실이다.

반면 강북이나 지방의 2억 원짜리 아파트는 아직도 그 가격에서 약간 올랐을 뿐이다. 성북구의 모 아파트 역시 10년 전이나 지금이나 2억 원을 겨우 넘는 수준이다.

지금의 아파트 가격은 거품이라며 아파트 시장을 백안시하는 사람들이 있다. 그리고는 상가나 땅을 기웃거린다. 하지만 10년 가야 한 푼도 오르지 않는 아파트를 사면서 임대 수입을 올리겠다고 오피스텔을 고른다면 당신의 재테크 수준은 꽝이다. 투자가치 높은 아파트 하나 제대로 사지 못하면서 다른 재테크를 해보겠다는 게 우습다.

이 책은 내집마련 하나로 10가지 재테크가 부럽지 않다는 전제 하에 씌어졌다. 여기저기 부동산 투자로 돈 벌 생각을 할 필요는 없다. 그러다가 오히려 손해만 본 사람들을 주위에서 많이 보았다. 내 집 하나 잘 산 사람이 10년 동안 여기저기에 부동산 투자 한 사람보다 훨씬 나았다.

요즘 변액 보험이 인기라고 한다. 보험은 원래 저축성보다는 보장성을 위주로 개발된 상품이다. 그러나 변액 보험 상품은 보장성과 재테크가 동시에 가능하다. 한마디로 여러 금융 상품에 가입하기보다 변액 보험 상품 하나만 가지고도 보장과 재테크를 할 수 있도록 만든 것이다.

부동산도 그런 방식으로 접근해야 한다. 10년 후에 가격이 5배로 뛸 아파트가 있다면 무슨 다른 재테크가 필요하겠는가. 문제는 그것이 어느 지역, 어느 아파트냐는 데 있다. 서울에서도 가장 오르지 않는 지역에 아파트를 갖고 있으면서 엉뚱하게 부동산에 투자한다고 설치다가 돈 날리는 사람들이 많다. 이제 그런 무모함은 버리자.

『내집마련 기술』(2003년 2월)이라는 책을 펴냈을 때는 부동산 시장의 조정기였다. 그 조정기를 이용해 아파트를 산 사람이 적지 않다. 그 중에는 가격이 2배 이상 오른 곳도 있지만 오히려 떨어진 곳도 많다. 모든 아파트가 항상 같이 오르거나 내리지는 않는다. 그런데도 자신의 안목만을 과신하며 아파트를 사고파는 사람들이 많은 것이 현실이다.

가격이 오를 때는 너도 나도 사려 하지만 요즘같이 떨어질 때는 사는 사람이 없다. 이 얼마나 아이러니한가. 많은 사람들이 부동산 거품론을 들먹이지만, 거품론은 부동산 시장이 폭락한 1998년도에도 있었다.

부동산 거품론에는 분명 오류가 있다. 모든 시장을 동일시하는 것이 바로 그 오류다. 생각해보자. 10년 전에 2억 원이었던 아파트가 현재도 2억 원이라면 10년 전에 이미 거품이 있었던 것이다. 반면에 현재 5배로 오른 아파트라면 그것은 분명 10년 전에는 거품이 아니었다고 말할 수 있다.

허황된 재테크 이론들이 넘쳐나고 있다. 이런 때일수록 정통적인 방법으로 재테크를 해야 한다. 재테크는 멀리 있는 것이 아니다. 지금처럼 부동산에 모두 관심이 없을 때가 기회일 수 있다. 오르지 않는 집을 팔아서 오를 가능성이 많은 곳에 집을 장만하는 것, 그것이야말로 바로 쉬운 재테크이다. 이런 재테크 하나가 복잡한 재테크 10가지보다 낫다.

10년 전, 혹은 부동산 시장의 암흑기로 불리던 6년 전 IMF 때 오르지 않는 강북의 아파트를 팔고 강남과 목동 신시가지 아파트를 산 사람들을 생각해보라. 그들은 이미 노후대책을 끝낸 셈이다.

10년 후의 결과를 내다보라

학교 다닐 때 배운 시 중에 「가지 않은 길」이라는 시가 있다. 표준 국정 교과서로 배운 40대라면 다 기억할 것이다.

노란 숲 속에 길이 두 갈래로 났습니다.
나는 두 길을 다 가지 못하는 것을 안타깝게 생각하면서,
오랫동안 서서 한 길이 굽어 꺾여 내려간 데까지,
바라다볼 수 있는 데까지 멀리 바라다보았습니다.

그리고, 똑같이 아름다운 다른 길을 택했습니다.
그 길에는 풀이 더 있고 사람이 걸은 자취가 적어,
아마 더 걸어야 될 길이라고 나는 생각했었던 게지요.

그 길을 걸으므로, 그 길도 거의 같아질 것이지만.

그 날 아침 두 길에는
낙엽을 밟은 자취는 없었습니다.
아, 나는 다음 날을 위해 한 길은 남겨 두었습니다.
길은 길에 연해 끝없으므로
내가 다시 돌아올 것을 의심하면서……

훗날에 훗날에 나는 어디선가
한숨을 쉬며 이야기할 것입니다.
숲 속에 두 갈래 길이 있었다고,
나는 사람이 적게 간 길을 택하였다고,
그리고 그것 때문에 모든 것이 달라졌다고.

　　내가 제일 좋아하는 시 중의 하나다. 우리 인생의 덧없음을 '가지 않은 길'이란 미지의 세계를 통해 잘 표현한 것 같다. 우리는 자신이 선택한 인생을 살 수밖에 없다. 물론 전쟁의 소용돌이 속에서 자신의 의지와는 상관없이 인생이 어긋나는 경우도 있다. 이것을 숙명이라고 한다. 그러나 숙명적인 삶 속에도 역시 선택의 순간들은 존재한다.

　　재테크 역시 마찬가지다. 한순간의 판단착오로 사지 않은 집 때에 30년 인생이 달라진다. 정말로 앞 시의 내용처럼 20년 전, 10년 전, 혹은 5년 전의 선택이 우리의 현재를 말해준다. 또 현재의 결정은 미래를 만든다. 이런 생각을 하면 하루하루 일상의 선택이 얼마나 중요한지 알 것이다.

주변을 살펴보아도 6년 전에 같은 1억을 가졌던 사람들인데 현재는 재산 상태가 너무 많이 벌어져 있는 경우를 본다. 10배부터 수십 배까지 차이가 나는 경우도 많다. 주식을 해서 전재산을 잃은 극단적인 경우는 예외로 하더라도 말이다.

친구 A는 6년 전에 1억 원짜리 전세에 살았다. 현재도 지방에서 1억 원짜리 전세에 살고 있다.

같은 시기에 친구 B는 1억 원 전세에 1억 원 융자를 얻어 2억 원짜리 집을 강남에 샀다. 현재 그 아파트 값은 6억 원이 넘는다.

친구 C는 7년 전에 전세를 끼고 서초동 S 아파트를 2억 원에 샀고, 3년 전에는 분양권을 하나 더 샀다. 현재는 분양권만 해도 4억 원이 올랐다. 재산이 거의 10억 원이 된 것이다.

1억 원과 10억 원의 차이는 실로 어마어마하다. 어디에 집을 사느냐에 따라 10년 후의 재산이 달라진다는 것은 현재는 물론 미래에도 유효하다. 선택은 당신이 하는 것이다. 또 그 드라마의 주역은 바로 당신이다. 주변에서 당신을 위해 조언을 하든 악의적으로 훼방

을 놓든 최종 결정권자는 당신이다. 선택을 잘해라. 10년 후의 결과
를 예상하면서 말이다.

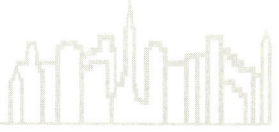

오르는 아파트 하나, 10가지 재테크 안 부럽다

부동산 상담을 하면서 가장 보람을 느낄 때는, 집을 사고 나서 아파트 값이 올랐다는 소식을 들을 때다. 2003년 연말에 이메일로 크리스마스 카드를 한 통 받았다. 흥겨운 캐럴과 함께 배달된 이메일에는 2003년 한 해 가장 감사해야 할 사람이 나라는 내용이 들어 있었다. 나는 하루 종일 기분이 좋았다.

2003년은 내게 뜻깊은 한 해였다. 『내집마련 기술』이라는 책도 출간했고 독자들로부터 아파트 관련 상담 이메일도 많이 받았다. 크리스마스 카드를 이메일로 보내온 분 역시 이메일로 상담을 요청해온 경우이다. 그분은 성북구에 오래된 재건축 대상 아파트를 갖고 있었다. 그런데 나와 상담을 한 후 그 집을 팔고 목동 신시가지 아파트 11단지로 이사했다. 이사를 끝내자 팔았던 아파트는 가격이 더 떨어진 반면에 이사한 집은 오히려 5천만 원이나 올랐다.

만일 이 분이 이사한 후에 집값이 떨어졌다면 이메일을 보낼 마음이 들었을까? 흔히 '잘되면 내 탓이고 안 되면 네 탓'인 세태 속에서 이렇게 감사 이메일을 보내기도 쉽지 않은 일이다. 특히 금전과 관계된 것은 더욱더 민감할 수밖에 없다.

이제 아파트를 여러 채 사놓고 투자하던 때는 지났다. 따라서 그 어느 때보다도 한 채의 내집마련이 중요하다. "잘 키운 딸 하나 열 아들 안 부럽다"라는 구호처럼 "잘 산 내집 한 채 열 가지 재테크 안 부럽다"라는 구호가 나올지도 모른다.

지난 수년간 아파트 상담을 하면서 이메일을 받을 때마다 가장 아쉬웠던 점은, 많은 사람들이 재테크라는 미명 하에 아파트나 분양권을 너무 자주 사고파는 것이었다. 정작 지나고 보면 한 채를 가지고 있었던 것만 못한 경우가 많다.

목동 신시가지 아파트 27평을 팔고 산본의 17평과 강남의 소형 오피스텔로 갈아탄 사람이 있었다. 이 갈아타기는 무려 2억 원 이상의 재산상 손실을 가져왔다. 오피스텔과 산본의 소형 평수는 거의 오르지 않는데 목동의 아파트는 2억 원이 올랐기 때문이다. 가치 있는 내집마련을 해놓고도 엉뚱한 방향으로 재테크를 하다가 망한 경우다.

값어치 없는 집을 팔고 가치 있는 집을 사는 것이 바로 지금의 재 테크다. 같은 해에 산 같은 가격의 아파트가 4년이 지난 후, 하나는 매월 100만 원씩 올랐는데 반해 다른 하나는 매월 1천 600만 원씩 올랐다면 그 차이는 무려 10억 원이 넘는다.

실제로 강남구 대치동 선경 1차 57평형은 지난 1999년 말 7억 500만 원이던 가격이 2004년 6월 말 현재 16억 5천만 원으로 올랐 다. 4년 6개월간 무려 9억 4천 500만 원이 뛰었다. 이는 매달 1천 750만 원이 오른 셈으로, 도시근로자 월평균 소득보다 5.6배가 더 올랐다.

전국이 재테크 신드롬에 빠져 있다. 그러나 재테크는 결코 특별 한 것이 아니다. 그것은 가까운 데 있다. 오르는 내집 한 채 마련이 10가지 재테크보다 훨씬 낫다.

강남 아파트 한 달 상승액, 근로자 월평균 소득 5배

지난 4년간 도시근로자의 월평균 소득보다 아파트 1채에서 나오 는 월평균 시세차익이 훨씬 높은 것으로 나타났다. 또 같은 기간 월평균 전세가 상승액이 도시근로자 가구의 월평균 저축액을 3배 이상 웃돌았다.

17일 부동산뱅크는 지난 1999년 말부터 2004년 6월까지 4년 6 개월 간 서울 아파트 매매가 변동액을 조사한 결과 매달 302만 2천 원꼴로 올라 도시근로자의 월평균 소득 300만 6천 원(2003년 4/4분기 기준)보다 1만 6천 원이 높다고 밝혔다.

특히 지난 4년 간 가격이 많이 오른 강남권 아파트는 도시근로자의 월평균 소득보다 5배 이상 높은 시세차익을 거둔 것으로 알려졌다.

실제 강남구 대치동 선경 1차 57평형은 지난 1999년 말 7억 500만 원이었던 가격이 지난 6월 말 현재 16억 5천 만 원으로 4년 6개월 간 9억 4천 500만 원이 뛰었다. 이는 매달 1천 750만 원이 오른 셈으로 도시근로자 가구의 월평균 소득보다 5.6배를 더 번 셈이다.

또 서초구 반포동 구반포주공 62평형도 같은 기간 7억 9천 500만 원이 올라 매달 1천 472만 원씩 시세차익을 벌어들였다. 송파구 오륜동 올림픽선수기자촌 57평형도 매달 1천 296만 원의 시세차익을 올려 도시근로자 소득을 무색케 했다.

부동산뱅크 양해근 실장은 "정부의 부동산 정책 실패와 투자 수요 폭증에 따라 아파트 시세차익이 도시근로자의 월평균 소득을 앞서는 웃지 못할 해프닝이 벌어지고 있다"며 "건전한 상식을 가진 근로자가 월 소득을 모두 저축한다 해도 시세차익조차 마련하지 못하는 등 내집마련이 갈수록 어려워지고 있다"고 말했다.

아파트 전세가 상승액도 도시근로자 가구의 월평균 저축액을 훨씬 웃도는 것으로 드러났다. 서울 아파트 전체 평균 전세가는 지난 4년 6개월 간 월평균 112만 7천 555만 원이 올랐다.

이는 도시근로자 가구의 월평균 저축액 36만원(2004년 1/4분기 소득중위 40% 기준)보다 3배 이상 높은 수준이다. 32평형대 아파트 전세계약을 유지하려면 2년 동안 매달 100만 원 이상을 꼬박 저축해야 할 노릇이다.

한편 아파트 평형대가 클수록 시세차익과 전세가 상승액도 높은 것으로 알려졌다. 평형대별 월평균 시세차익은 25평형 178만 9천 500원, 32평형 294만 4천 원, 44평형 3백27만 원 등이다. 또 평형대별 전세가 상승액은 25평형 70만 8천 400원, 32평형 1백5만 4천 800원, 44평형 1백54만 1천 200원으로 알려졌다.

| 2004년 7월 17일 「머니 투데이」 기사 인용

집 없어도 땅은 사라고?

최근 부동산 관련 베스트셀러 목록에는 땅에 관한 책들이 많다. 집 없어도 땅은 사라는 책들이 인기를 얻고 있는데 나처럼 그와는 정반대로 땅보다 집이라며 부동산 투자에도 순서가 있다고 반박하다가는 혹시 뭇매를 맞을지도 모르겠다.

땅을 먼저 사든 아파트를 먼저 사든 그것은 본인의 자유다. 아파트를 먼저 사서 부자가 되기도 하고 땅 투자부터 해서 목돈을 만들 수도 있다.

그런데 과연 땅을 먼저 사면 돈을 벌 수 있을까? 어차피 집을 사기에도 충분하지 않은 돈이니 차라리 땅을 사서 묵혀두면 언젠가는 10배, 100배로 오를지도 모른다. 집값이 너무 많이 올라 이젠 떨어질지도 모른다는 예상이 나오니 땅을 사는 게 더 안전하다고 느낄 수도 있다.

그런데 왜 땅을 사면 돈을 번다는 것일까? 개발이 되기 때문이다. 어제의 미개발지가 관광단지가 되거나 근처에 시가지가 생기면 10배, 100배 땅값이 폭등한다. 서울 강남과 강북의 지가와 아파트 가격이 역전된 것은 아주 좋은 개발과 투자 사례다.

비단 서울만이 아니더라도 전 국토의 모든 지역에서 신시가지와 구시가지와의 가격 역전은 다반사다. 이젠 시대의 흐름을 읽은 사람은 부자가 되고 그렇지 못하면 가지고 있던 부를 지키는 것조차 어렵다.

최근 땅 투자자들에게 경종을 울리는 뉴스가 등장했다. 김포 신도시 예정지의 60% 가량이 군사시설보호구역으로 지정돼 신도시 건설이 대폭 축소된다는 것이다. 일각에서는 아예 백지화 가능성도 조심스럽게 거론되고 있다. 부동산 투기를 잠재우고자 관계 부처의 협의 없이 신도시 건설 계획을 졸속으로 발표했다.

그러다 부동산 경기가 침체에서 벗어나지 못하니 슬그머니 백지화 가능성을 내비치고 있다.

그동안 신도시 개발만 믿고 주변에 땅을 산 사람들이나 규제에 묶여 개발을 하지 못한 사람들의 재산상 손실은 불 보듯 뻔한 일이다. 정부의 신뢰는 또 한 번 땅에 떨어지게 됐다. 하긴 누구를 믿는다는 것조차 다 부질없는 일이다. 2001년 8월, 김대중 전 대통령이 TV에 출연해 반드시 아파트 가격을 잡겠다고 호언했는데도 줄기차게 오르기만 했다.

이처럼 정부가 공약한 신도시 개발도 하루아침에 취소되는 마당에 누구를 믿고 땅을 사 투자하라는 건지 모르겠다. 부자들의 땅 투자 성공담이나 아파트 투자 성공담은 다 과거의 일이다.

나의 가까운 선배 중에 IMF 외환 위기 전 모처의 땅에 큰돈을 투자했던 사람이 있다. 땅을 사자마자 IMF가 터졌고 지금도 가끔 그 손실 때문에 속이 썩는다. 하지만 그의 주거지는 서울에서도 가장 집값 변동이 없는 아무개 구다. 가끔 만나면 자조 섞인 말을 하곤 한다. "그냥 강남에 아파트나 한 채 사두는 건데……" 하고 말이다.

성공 사례만 알면 필히 실패한다. 그런데도 실패 사례를 연구하는 사람은 드물다. 자신은 실패자가 되리라고 생각하지 않기 때문이다. 그러나 실패 사례를 연구하는 사람이야말로 부에 한 걸음 더 다가간 사람이 아닐까 싶다.

집에 대한 잘못된 생각을 버려라

내집마련 때문에 여러 사람들과 상담하다 보면 자신의 생각만을 고집하는 사람들이 의외로 많다는 것에 새삼 놀란다. 그러나 그것은 어디까지나 자신만의 편견일 뿐 내집마련에는 전혀 도움이 되지 않는다. 집에 대한 잘못된 생각 10가지를 소개한다.

1. 나는 집을 살 수 없다

아파트 값이 너무 올라서 집을 살 수 없다고 포기하는 사람들이 있다. 그러나 이런 생각은 평생 가난을 자초하는 길이다.

집에 대해서 긍정적인 생각을 하는 것과 그렇지 않은 것은 천양지차다. 내집마련을 남보다 먼저 하는 사람들은 내집의 소중함을 알고 서두른 사람들이다. 집값이 비싸졌다고 해도 언제나 상대적인 개념일 뿐이다. 분당이 아니면 일산으로, 강남이 아니면 강북으로, 역세권이 아니면 비역세권도 고려해보라. 아파트가 비싸다면 상대적으로 오르지 않은 대지지분이 많은 단독도 대안이고 32평이 버거우면 24평이라도 좋다.

2. 나는 빚지고는 집을 못 산다

융자를 얻어 집을 산다는 것에 거부 반응을 보이는 사람들이 있다. 그러나 갚을 능력만 있다면 집을 사는 데 얻는 어느 정도의 융자는 채무라고 할 수 없다. 투자를 위한 지렛대로 활용하면 내집마련이 더욱 쉽다. 처음에는 힘들어도 시간이 가면 매달 갚는 원리금의 부담은 줄어든다. 물론 감당하지 못할 만큼 융자 금액이 크면 위험하다는 것도 잊지 말자.

3. 월급만 가지고는 평생 집을 못 산다

월급을 풍족하게 쓰고 나머지를 모아서 집을 살 수 있는 사람은 아무도 없다. 소득이 많으면 많은 대로 부족하기는 마찬가지다. 그런데 우리 부모님들은 대개 월급을 모아 집을 산 사람들이다. 그때도 여전히 집값은 폭등했고 비쌌다. 그런 와중에 월급을 모아 종자돈을 만들었으며 전세를 끼고 집을 샀다. 방을 하나 전세 주든지 아니면 더 싼 전셋집에 살면서도 남는 돈으로 투자해 결국 자기 집을 만들었다는 점을 배워야 한다.

4. 나는 집이 회사와 가까워야 한다

투자를 위해서는 직장과 먼 곳이라도 꾹 참고 다니자. 아니면 일시적으로 직장 가까운 곳에 전세를 얻어 살 수도 있다.

5. 이왕 살 거면 기다렸다가 큰 평수를 산다

기다리는 것이 능사는 아니다. 작은 집이라도 거래를 하다보면 부동산에 눈을 뜨게 된다. 더 큰 집에 대한 욕심도 생긴다. 작은 집이라도 시세차익이 오히려 클 수 있고 이런 행동들이 남보다 먼저 종자돈을 불린다.

6. 청약 통장이 유일한 해결사다

청약이란 아파트를 사기 위한 필요조건일 뿐 충분조건은 아니다. 집을 구하는 방법은 청약 이외에도 다양하다. 청약만 기다리다가 좋은 기회를 놓칠 수 있다.

7. 집값은 항상 오른다

집값이 지난 십 수년 동안 수십 배 오른 것 같지만 그렇지 않은 지역도 있다. 강남의 대단지 88평 아파트도 10여 년 전에 비해 거의 오르지 않은 곳도 있다. 흔히 투자 목적으로 사서는 안 되는 빌라나 연립도 오르는 곳이 있다. 궁극적으로 아파트가 목적일지라도 전술적으로 단독이든 연립이든 살 각오가 돼 있어야 한다. 주거 가치에 비

해 효용이 상대적으로 클 수도 있고, 재개발 등이 될 경우 집값이 폭
등하기도 한다.

8. 재건축·재개발 조합 아파트가 수익을 안긴다

재건축 아파트 등에 관심을 가진 사람들이 너무 많다. 이제는 다
양하게 관심을 가져보자. 막차를 탔다가는 큰 코 다칠 수 있다. 복
잡한 것이라고 해서 반드시 수익이 많은 것도 아니다.

9. 새 아파트가 투자성에서 더 좋다

새 아파트도 언젠가는 결국 헌 아파트가 된다. 입주할 때는 신평
면이라고 자랑해도 결국은 구식이 되고 만다. 물론 새 아파트가 모
두 투자성이 없다고 할 수는 없지만 새 아파트의 약발은 오래가지
않는다. 부의 대명사라던 타워팰리스도 벌써 삼성동의 아이파크라
는 강자를 만나지 않았는가. 아이파크는 타워팰리스보다 훨씬 더
좋은 조망, 낮은 용적률, 건폐율을 갖추고 있다.

10. 비싼 동네가 더 많이 오른다

입지는 상황에 따라 변한다. 어제의 최고 입지가 내일까지 그런
것은 아니다. 저평가된 곳, 호재가 많은 곳, 인구에 회자되는 곳은
투자성이 있다. 그러나 정체돼 있는 느낌이면 살기에는 편할지 몰
라도 투자성은 없다.

강남과 강북이 차이가 난 이유는 ?

왜 아파트 가격은 강남만 많이 오르고 강북은 오르지 않을까? 굳이 강남과 강북을 비교할 필요도 없다. 단순히 서울과 지방으로 구별해도 좋다.

이 의문에 대한 해답만 알면 내집마련 재테크는 끝이다. 그것은 부동산의 속성이기도 하며 또 미래를 예측하는 길잡이가 될 수도 있기 때문이다.

다음 사례를 한 번 비교해보자

강남과 강북의 아파트 가격이 벌어지는 이유

분양할 때 분양가가 동일했던 강남의 30평과 강북의 45평 아파트 분양 내역이 다음과 같다고 가정해보자.

(강북의 45평이 대지가 더 넓어도 평당 가격이 더 싸다는 전제)

강남 30평 아파트 총 분양가 1억 = 대지비(5천만 원) + 건축비(5천만 원)

강북 45평 아파트 총 분양가 1억 = 대지비(2천 500만 원) + 건축비(7천 500

만 원)

(용적률이나 대지의 절대 평수는 무시)

15년 후에 강남의 지가는 10배 상승했으나 강북의 경우 3배에 그쳤다. 건축비에 대한 감가상각이 모두 끝나 제로라고 가정하면,

강남의 아파트 현재가는 대지비 5천만 원 × 10배 = 5억 원

강북의 아파트 현재가는 대지비 2천 500만 원 × 3배 = 7천 500만 원

만약 강북 45평 아파트가 강남의 30평 아파트와 시세가 같으려면 강남의 땅값이 10배 오를 때 강북의 땅값은 20배 올랐어야 했다. 그럼 강북의 45평 아파트는 5억이 돼 있을 것이다. 그러나 현실적으로 강남과 강북의 지가는 더 벌어졌다.

지난 수년간 강남과 강북의 아파트 가격 격차가 크게 벌어진 이유는 땅값 차이 때문이다. 그런데 사람들은 당장 눈에 보이는 콘크리트 구조물의 평형으로만 비교를 한다. 강북의 새 아파트 43평이 4억 원인데 왜 다 쓰러져가는 강남의 13평 아파트가 8억 원을 호가했는지 이해하지 못한다.

그러나 잘 따져보자. 강북 43평 새 아파트 가격을 해부하면 대지비가 2억 원인데 비해 감가상각이 안 된 새 아파트 건축비가 2억 원이라는 것을 알 수 있다. 반면에 강남의 13평 헌 아파트의 경우는 대지비만 8억 원인 셈이다.

강북의 새 아파트 용적률(전체 건축면적을 전체 대지로 나눈 비율, 즉 전체 대지가 100평인데 300평의 연면적을 가진 건축물이라면 용적률이 300%이다)이 300%라면 43평의 아파트 대지지분의 경우 10평이 겨우 넘는다. 그러나 13평의 대지지분이 43평의 대지지분보다 많고 공시지가는 수 배가 비싼 것이 현실이다.

그러므로 아파트를 살 때는 대지지분이 얼마나 많은지, 그리고 공시지가가 얼마나 되는지 확인해보아야 한다. 물론 발전 가능성이 없는 지역이나 개발 제한이 많은 지역에서는 대지지분이 많은 것도 아무 의미가 없다는 것을 고려해야 한다.

지난 수년간 새로 지어진 재개발 아파트 가격이 강남과 목동의 상승률보다 훨씬 적었던 이유는 대지지분이 적고 입지가 안 좋았기 때문이다.

건축비가 시세에 반영됐기 때문에 새 아파트들은 그나마 그 가격을 유지할 수가 있다. 건축비는 감가상각으로 매년 소멸되는데 대지가 적은 아파트 가격이 오르기를 기대한다는 것은 연목구어이다.

다음 표는 1999년 말부터 현재까지 4년간 재건축을 제외한 아파트 가격의 상승률을 보여주고 있다. 재건축 아파트를 제외하고 일반 아파트만을 대상으로 하고 있어서 지역적인 선호도의 차이가 확연히 드러난다.

목동 신시가지 아파트가 있는 양천구의 경우 강남구와 함께 100% 이상 상승한 것으로 나타난다. 이 경우 목동 신시가지 아파트 단지와 일반 아파트와의 평당 가격은 거의 배나 벌어져 있으므로 실제 목동 아파트의 상승률은 훨씬 높다고 할 수 있다. 이것은 목동이 교육 환경이 좋기도 하지만 미래에 가능할지도 모르는 재건축에 대한 기대감이 반영됐기 때문이다. 그러므로 집을 살 때는 반드시 대지지분, 공시지가, 미래가치를 살펴보아야 한다.

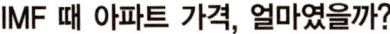

IMF 때 아파트 가격, 얼마였을까?

IMF 시기에 매매가격이 가장 낮았던 1999년 12월 대비 2004년 7월 재건축 단지를 제외한 아파트 가격 상승률은 전국 평균 58.2%이다. 하지만 모든 아파트가 동일하게 오른 것은 아니다.

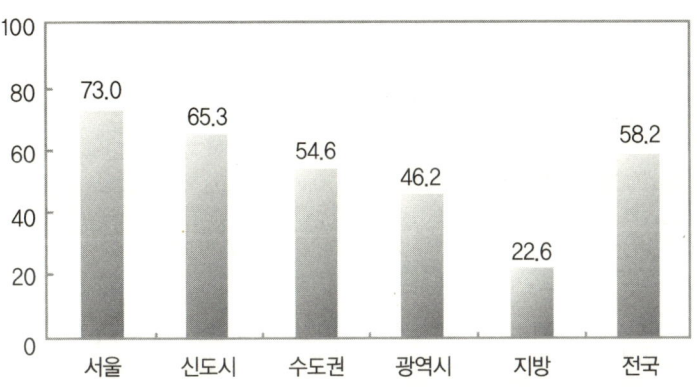

서울은 동기간 73%, 신도시는 65.3%가 올랐다. 반면 수도권·광역시를 제외한 지방은 평균 22.6%로 서울의 1/3 수준에 그쳤다.

같은 서울에서도 마찬가지다. 가장 크게 오른 강남구와 양천구는 평균 100% 이상 오른 반면 가장 상승폭이 적은 성북구는 28.5%의 상승률을 보였다. 신도시 역시 분당(84.7%), 중동(70.5%)과 산본(32.1%)의 가격상승 격차는 두 배가 넘는다.

따라서 최근 2~3년간 아파트 값이 올랐다고 기뻐하기에는 이르다. 다른 아파트와 비교했을 때 우리 아파트 값이 얼마나 올랐고, 앞으

로 불황기에는 최대 얼마나 하락할 수 있는지 꼼꼼히 따져보아야

미래의 가격경쟁력이 보인다. [출처 : www.r114.co.kr]

광역 단위별 매매가격 상승률 (단위 %, 재건축 단지는 제외함)

● 신도시

지역	변동률
서울	72.98
신도시	65.33
수도권	54.59
광역시	46.20
지방	22.64
전국	58.17

지역	변동률
분당	84.69
일산	49.64
평촌	52.86
산본	32.08
중동	70.49

● 서울

지역	변동률	지역	변동률
강남	113.57	서대문	46.10
강동	89.88	서초	84.94
강북	34.90	성동	62.34
강서	51.39	성북	28.49
관악	41.20	송파	95.02
광진	76.39	양천	104.20
구로	50.58	영등포	69.13
금천	55.05	용산	68.05
노원	57.39	은평	41.90
도봉	38.32	종로	49.91
동대문	49.82	중	56.94
동작	51.91	중랑	46.77
마포	87.85		

● 수도권

지역	변동률	지역	변동률
고양	36.36	안산	59.32
과천	99.88	안성	14.90
광명	75.66	안양	58.92
광주	29.70	오산	63.19
구리	58.44	용인	33.18
군포	42.08	의왕	45.33
김포	46.11	의정부	21.19
남양주	45.87	이천	22.51
부천	57.09	인천	63.59
성남	71.11	파주	29.17
수원	67.15	평택	66.07
시흥	45.30	하남	65.60

재건축과 재개발의 환상을 깨라

지난 여름 강남의 한 백화점에서 강연을 한 적이 있었다. 무료 강연이고 강의실 좌석이 50여 석밖에 안 돼 서서 강의를 듣는 사람도 있었다. 강연을 듣고 많은 사람들이 강의 내용에 공감한다는 이메일을 보내왔다. 그리고 강연이 끝난 지 며칠 후 한 여성에게서 전화가 왔다. 좀더 많은 얘기를 듣고 싶은데 추가 강연 계획이 없냐고 했다. 나는 왜 강연을 더 듣고 싶은지 물어봤다. 그녀는 나의 강의 내용이 마치 본인의 '부동산 실패 이야기' 같다며, 이렇게 실패 원인과 처방을 꼭 집어내는 강의는 처음이었다는 칭찬을 했다. 나는 연락처를 받고 추후 강연 계획이 있으면 알려주겠다며 전화를 끊었다.

그러던 차에 같은 백화점의 다른 지점에서 여러 차례 강연할 기회가 생겼다. 하지만 굳이 소식을 알리지는 않았다. 그런데 그 여성이 전화를 해와 백화점 전단지에서 강연 소식을 봤다고 했다. 나는 그녀에게 1차와 2차 내용이 거의 동일해서 다시 들을 필요가 없다고 했는데도 결국 두 번 다 수강 신청을 했다.

그녀가 공감한 것은 바로 강연 사례가 자신의 부동산 실패 이야기였기 때문이다. 그녀는 그동안 목동 신시가지 아파트 단지 부근의 한 동짜리 아파트와 관악구의 재개발 아파트를 사서 별로 재미를 못 봤다고 한다. 그런데 바로 그 내용이 내가 들었던 실패의 대표 사례였다.

그렇다면 이제 그녀가 내 강의를 들었던 이유를 조목조목 따져보자.

목동 신시가지 아파트의 경우 단지별, 평형별로 다르지만 전용면적 정도의 대지 지분을 가지고 있다. 그리고 용적률은 단지별로 110~160% 정도다.

반면 주변의 5~8년 된 중고 아파트나 최근 입주한 주변 아파트들의 용적률은 250%~300%이다. 즉, 32평의 경우 대지 지분이 10~15평이 채 안 된다.

재미있는 것은 주변의 새 아파트들이 입주 시점에는 목동 신시가지 아파트보다 비쌌거나 비슷했다는 사실이다. 대부분의 사람들이 목동 신시가지 아파트만큼 비싸고 새 아파트니 미래가치가 있을 거라고 착각했기 때문이다.

그런데 지금은 1억 원에서 3억 원 정도 차이가 난다. 새로 입주한 아파트의 경우는 1억 원 정도, 5~7년 전 입주한 아파트는 2억 원 정도, 그리고 나 홀로 아파트는 3억 원 이상 차이가 벌어졌다.

나는 1998년에 집을 장만하고 나서 시세 변화를 관찰하다 1994년도에 동일한 가격의 아파트였던 것이 6년이 지난 2000년도에 가격차가 3배나 벌어진 사실을 보고 충격을 받았다(현재는 거의 5배로 벌어짐). 그리고 그 사실을 한 부동산 사이트에 올렸다. 빨리 마포나 성동구의 재개발된 새 아파트를 팔고 강남, 송파, 목동, 강동의 아파트를 사야 한다고 말이다.

나 역시 남들이 좋다는 곳에 아파트를 장만했음에도 상대적인 박탈감을 맛보았다. 어쨌든 내 주장대로 이들 지역은 지난 3년간 최소 2배에서 5배까지 올랐다. 나처럼 생각하는 사람들이 많이 있었으니 어쩌면 당연한 현상인지도 모른다. 그리고 그 글로 인해 "그것이 사실이냐"는 부동산 상담 이메일이 폭주하기 시작했다.

아파트별 시세 변화 (단위 : 억 원)

이름	입주연도	1994년도	1998년도	2000년	2003년
목동 신시가지 3단지 30평	1985년	1.6~1.9	1.8~2.0	2.3~2.5	5.7~6.2
도화동 우성 34평	1989년	1.7~2.0	1.5~1.7	1.5~2.0	2.8~3.2
대치동 주공 31평	1980년	1.6~1.9	2.4~2.5	5.0~5.1	재건축(13~16)

위의 표는 내가 2000년 말에 인터넷에 올렸던 내용과 그 이후의 시세 변화이다. 3년이 지난 후에 비교해봐도 흥미롭다는 생각이 든다.

다 알다시피 대치동의 아파트는 현재 동부 센트레빌로 재건축 중이다. 현재 45평의 분양권 시세가 13억 원에서 16억 원을 호가한다. 앞서 이야기했지만 31평의 조합원은 추가 분담금 없이 45평을 받았고 오히려 5천~1억 원씩 환급을 받았다고 한다. 만일 60평대 아파트를 신청했을 때 추가 분담금을 감안하더라도 10년 동안 15억 원을 번 것이다. 이 아파트 31평을 1996년도에 1억 6천만 원에 전세를 끼고 매입했다면 8년 동안 2000%의 수익률을 올린 셈이다.

그런데 어떤 사람이 10년 동안 오르지 않은 아파트를 가지고 있다고 생각해보라. 10년 동안 한 푼도 오르지 않은 아파트를 가진 사람에 비해 재산상의 차이가 10억 원 이상이다.

마포 도화동 우성아파트는 1991년에는 2억 5천만 원까지도 호가한 것으로 돼 있다. 과연 마포 대단지 아파트가 얼마나 올랐는지 살펴보자. 지난 12년간 2억 5천만 원에서 3억 2천만 원 정도가 올랐다. 1천 500세대가 훨씬 넘는 서울에서 입지가 중간 이상 가는 마포구 대단지 아파트의 실상이다. 이 아파트 54평은 1990년 대 초반 4억에서 4억 6천을 호가했다. 13년이 지난 현재 시세는 4억 3천~5억 2천 정도다. 13년간 매매값이 고작 3천~6천만 원 올랐다. 이 아파트만 해당되는 것은 아니지만 지난 IMF 때는 앞의 예에서 보듯 많이 떨어졌다. 그런데 마포구는 내가 기억하기로 지난 10년간 서울에서 가장 발전할 지역이라고 신문에 언급된 곳이다. 그 발전 가능성이 높은 지역의 아파트 값 상승이 왜 이렇게 저조한 것일까?

그 이유는 1990년대 초 마포의 위치가 도심권 이동이 편리했기 때문이다. 도심과 여의도의 중간에 위치해 당시 시세를 주도해나가는 분위기였다. 반면 강남은 아직 신흥 개발지로서 아파트 가격이 크게 높지 않았던 것이다.

이 글을 읽고 나면 과연 어떻게 투자성 있는 아파트에 접근해야 하는지 대강 감을 잡게 된다.

물론 새로 지은 신평면의 아파트라면 누구나 탐이 날 것이다. 돈이 있다면 새 아파트 프리미엄이 많이 붙는 최고급 주상복합 아파트도 갖고 싶다. 또한 당신이 부자라면 투자가치를 운운하지 않아도 좋다. 타워팰리스와 같은 고급 주상복합 아파트가 새로 지어질 때마다 이사갈 수 있다면 위의 산술은 남의 얘기에 불과하다.

그러나 당신이 조금이라도 가치가 오르는 아파트에 살고 싶다면 새 아파트는 대상에서 제외해야 한다. 일시적으로 오를지 몰라도 장기적으로는 대지의 미래가치와 입지가 투자성을 결정짓기 때문이다.

마포 진주아파트를 재건축해 최근 입주한 LG자이는 32평이 4억 5천~5억 8천만 원이다. 이 아파트의 1996년 시세는 위에서 예를 들었던 마포 우성아파트와 별반 차이가 없다. 종전 진주아파트 34평의 대지지분은 18평이었다. 34평 소지자가 동일 평수로 갔을 경우 환급받고 27평의 경우 추가 분담금은 7천만 원 내외였다. 그런데 추가 분담금을 감안하더라도 재건축으로 인한 추가 이득은 3억 원에 달한다(대형 평수 입주자는 프리미엄이 더 많다).

아파트 가격이 오르는지 내리는지 하는 논쟁을 떠나 저평가된 시점에서 아파트를 구입하는 것이 가장 중요하다. 마포에서는 1996년도에 진주아파트를 사서 재건축을 바라보는 게 우성아파트를 사는 것보다 나았고, 현재는 우성아파트를 사는 편이 재건축된 LG자이를 사는 것보다 훨씬 낫다. 우성아파트의 경우 5년 이상만 기다리면 리모델링 등의 호재가 있을 수도 있다(물론 재건축은 허용 연한이 40년으로 늘어나 우성아파트의 경우는 아직 요원하다). 비록 3년 전에는 다른 3개 아파트보다 투자성이 낮았지만 현재 시점에서는 마포구의 다른 아파트에 비해 상대적인 가치가 높아졌다.

강의를 들으러 오는 분의 사례가 바로 그랬다. 그동안 부동산 투자를 한다고 무조건 재개발과 재건축의 환상에 사로잡혀 꼭지에 구입했는데, 그 아파트들이 입주 후에는 많이 오르지 않았다. 재개발이 끝나면 강남의 대체 주거지가 될 것이라던 관악구의 아파트, 목동 단지 밖의 아파트는 지금 팔더라도 조금 남은 차액을 세금으로 다 물어야 할 판이다.

나홀로 단지에 계약해도 괜찮을까요?

문의 | 동시 분양에 나온 ××아파트에 당첨돼 계약을 할까 고민 중입니다. 이미 계약기간은 끝났으나 현재라도 할 수 있다고 합니다. 그러나 나홀로 단지라 많이 망설여지기도 합니다. 직장이 공항 쪽인 관계로 강서나 9호선 역세권 방향에 집 장만을 하려는데 좋은 지역을 추천해주시기 바랍니다.

답변 | 최근 정부가 재건축 개발 이익 환수제니 뭐니 위헌 소지가 있는 정책을 펴고 있으나 금리가 오를 가능성은 없고 2004년도 1/4분기 물가 상승률은 세계에서 제일 높았다고 합니다. 시중에 부동 자금이 너무 많고 부자들은 투자할 데가 없으니 당장 폭락 사태가 올 가능성은 없어 보입니다.

여러분도 아시다시피 저는 9호선 지역을 주목하고 있습니다. 그러나 ××아파트의 경우는 분석이 필요합니다. 분양가가 4억 5천만 원이니까 금융이자와 기회비용을 생각하면 입주시에는 5억 원 이상이 가게 됩니다. 주거 여건으로만 보자면 살기 좋을지 몰라도 소규모 단지는 빌라와 마찬가지로 가격 상승을 기대하기가 어렵습니다. 물론 주변 대단지 △△아파트와 가격 차이가 나면 간격을 좁히려고 시도하겠지만 환금성 측면에서는 대단지 1층보다도 안 좋습니다.

아파트의 장점은 환금성인데 ××아파트는 입주시에 상승을 한다고 해도 매매하려면 잘 되지 않을 겁니다(사기 전에 팔 때의 상황도 생각해야 합니다). 따라서 차라리 9호선 지역의 32평/39평/41평 등의 분양권이 나을 수 있습니다. 입주시까지 꾸준히 오를 여력이 있으니까요. 현재 △△아파트 역시 32평이 5억 원이 넘을 것이고(입주시 상황에 따라 그 이상도 갈 수 있음) 화곡동 우장산3차 역시 41평이 옆 대단지의 우장산 롯데 브랜드를 공유하고 있으니 ××아파트보다는 나을 듯합니다(시세도 더 싼 것 같음). 목동 동신아파트를 재건축하는 목동 롯데나 염창동 한화그린도 9호선이 들어올 때면 더 주목받을 것입니다.

저도 예전에는 강남, 강동, 송파, 목동 지역의 재건축만 추천하다가 요즘에는 강서 지역, 9호선, 분양권 등을 추천합니다. 새 아파트의 선호도가 과거와 달리 높아지는 추세기 때문입니다. 그리고 투자(입지)를 생각하시면 여의도나 서초구도 주목해야 합니다. 현재 여의도 전체의 미래 밑그림은 아직 미정이나 역시 9호선 수혜 지역인데다가 32~38평대가 4억~6억 원선입니다. 서초구 미주아파트의 경우 재건축이 불투명하나 투자 차원에서는 오히려 호재일 수 있다는 생각이 듭니다. 그리고 서초구의 반포주공아파트, 삼풍아파트, 삼호가든아파트도 노려볼 만합니다.

결론은 좀더 단지가 큰 곳을 찾으라는 겁니다. 그리고 분양권은 주거 가치뿐 아니라 상승 여력이 있다는 게 매력입니다. 롤러코스터 같은 재건축보다 점점 더 주목받는 추세입니다.

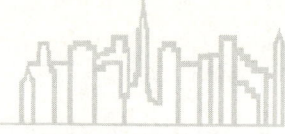

6년 전이라면 어떤 아파트를 샀을까?

"아파트 거품도를 말한다."

지난 1998년 9월 29일자 한 부동산 잡지에 커버스토리로 나온 기사의 제목이다. 그 당시에도 아파트 거품 논란이 있었다니 지금 보면 격세지감이다.

기사는 서울의 주요 5개 구를 1998년 기준으로 분석하고 있었다. 호황기, 불황기, 경기회복기의 아파트 값을 분석한 뒤 '당장 사야 할 아파트'와 '더 기다렸다 사야 할 아파트'를 선정해놓았다.

그런데 6년이 지난 지금 보면 그 전망이 얼마나 빗나갔는지 실소를 금할 수 없다. 당시 거품이 꺼질 거라고 예상한 아파트가 더 폭등했고 거품이 없다고 한 아파트가 오히려 오르지 않았기 때문이다. 오류의 근원은 재건축 아파트의 상승 전망을 전혀 고려하지 않은 데 있다.

재건축뿐만이 아니다. 기사는 목동 신시가지 아파트 2, 3단지의 1998년 9월 당시 가치가 500만~1천만 원 정도 높게 평가돼 있다고 했다. 반면 오목교 근처의 두 동짜리 ○○아파트 33평은 1998년 당시 시세가 경기 회복기의 평균가보다도 저렴하므로 '사야 할 아파트'라고 분석했다. 노원구의 아파트 역시 거품도가 제로여서 '지금 사도 후회 안 한다'며 추천했다. 하지만 이 추천을 믿고 강남과 강북 사이에서 고민하다가 강북 아파트를 산 사람들은 현재 상대적인 박탈감에 시달리고 있다.

물론 그 분석 툴의 옳고 그름을 따지자는 것은 아니다. 전망의 부질없음을 알려주고 싶을 뿐이다.

그럼에도 불구하고 나 역시 앞으로의 아파트 전망이 궁금하다. 물론 향후 10년 내 일본의 '잃어버린 10년'과 같은 시절이 우리에게 닥친다는 암울한 생각을 한다면 이런 전망도 다 부질없을지 모른다. 하지만 만약 우리 경제가 발전해 국민소득 2만 불, 혹은 3만 불 시대로 진입한다면 집값은 다시 오를 수밖에 없다.

그럼 일반적인 기준으로 오르는 아파트와 오르지 않는 아파트를 분류해보자.

거품이 많은 아파트, 이제는 팔아도 될 아파트는 초호화 주상복합 아파트(삼성동 아이파크는 주상복합 아파트가 아니다)이다. 특히 소위 서울의 각 구나 신도시에서 랜드마크(land mark) 역할까지 했던 주상복합 아파트는 이제 지는 해일 수밖에 없다. 그동안의 시세 상승에는 분명 이유가 있었다. 하지만 이제는 오히려 그로 인한 거품이 많다고 볼 수 있다. 이제 주상복합 아파트는 과거 여의도나 강남의 많은 명품 아파트들과 마찬가지로 그냥 보통 좋은 아파트로 남을 확률이 크다.

수도권 신도시 주변의 많은 택지지구 아파트나 분양권에도 역시 거품이 많다. 더구나 실수요자가 거의 없는 아파트는 투자용인 경우가 많아 이제 상승 여력에 한계가 있을 수밖에 없다.

반면 지금이라도 급매라면 사야 할 아파트가 있다. 집값이 하락한다는데 사라 한다고 또 조롱하는 사람이 있을지 모른다. 그러나 결국 내재가치를 가진 아파트들은 조정시나 하락시에만 싼 값으로 살 수 있다는 것을 명심할 필요가 있다.

이러한 아파트들은 각 지역을 대표하는 랜드마크 아파트다. 목동 아파트 단지, 여의도 아파트 단지, 송파구 올림픽선수촌아파트나 올림픽패밀리아파트, 잠실 아파트 단지 등이다. 재건축 아파트 역시 랜드마크 아파트이므로 그 영향을 과소평가할 수 없다.

이 아파트의 특징은 대단지에 입지가 좋다는 것이다. 이미 입지가 좋은 곳을 선점하고 있으므로 타 아파트보다 미래에도 경쟁력이 있을 수밖에 없다.

분당의 예를 들어보자. 중앙 공원을 중심으로 형성된 아파트들은 지금 탄천 정자동 부근에 조성된 주상복합 타운의 입지보다도 훨씬 좋다. 고속도로를 위시해 여러 도로로 포위된 주상복합이 신분당선에 들어선다고 해도 중앙공원의 입지와 바꾸지는 못할 것이다.

그리고 강북에서는 새로 입주하는, 혹은 이미 입주한 대단지 아파트이다. 이들 단지는 새 아파트의 프리미엄, 뉴타운 개발, 교통 여건 등의 개선, 조망권 등으로 인해 쉽게 떨어지지 않을 단지들이다.

강북에서 향후 10년 내 대규모로 리모델링이나 재건축의 허용 연한이 가시화되는 대단지 아파트들은 거품이 없다고 보아야 한다.

한편 9호선 서초구, 양천구, 동작구, 강서구의 역세권 단지 아파트들도 호재가 지속적으로 존재한다는 점에서 여전히 매력적이다. 결국 대지지분이나 환경과 교통 등 본질적인 가치가 앞으로도 계속 아파트를 고르는 잣대가 될 수밖에 없기 때문이다.

재건축 아파트에 거품이 많다는 말도 틀린 것은 아니다. 그렇지만 결국 거품은 현재의 평가가 아니라 미래의 시점에서 판단해야 한다. 만약 미래에 가격이 올라 있으면 거품이 없었던 것이고 떨어졌다면 거품이 있었다고 생각할 수밖에 없다.

새로 아파트를 사거나, 갈아타거나, 아니면 계속 전세를 살거나 하는 결정은 본인 몫이다. 누구 말 믿고 하다가는 핑곗거리만 만들기 쉽다. 그러나 집값의 오르내림에 관계없이 집을 살 생각이 있다면, 또 선택에 애를 먹는다면 위에 든 사례들이 도움이 될 수 있다고 자신한다.

분당 주상복합과 잠실 주공 가운데 어느 것이 좋을까요?

질문 | 분당의 주상복합과 잠실 주공 5단지 34평을 사이에 두고 갈등 중입니다. 당장은 새 아파트에 들어가서 살고 싶으나 투자성에서 새 아파트는 꼭지에 달한 듯합니다. 그래도 파크뷰는 신분당선 등이 개통되면 오르지 않을까요?

답변 | 아파트의 가격 비교는 상대적입니다. 현재의 희생은 미래의 수익을 바라보고 하는 것이지요. 현재의 사용가치만 따지면 미래가치를 놓치게 되는 법입니다. 아무리 재건축을 규제한다고 해도 분명 미래가치는 중요합니다. 오히려 규제하면 할수록 좀더 싸게 투자할 수 있고 미래의 수익은 커지겠지요.

주상복합의 경우 현재 가치의 기준은 대지지분에서 비롯된 게 아니라 건축비에서 기인합니다. 자연히 건축비는 감가상각이 되겠죠. 아파트도 결국 땅이기 때문입니다.

한번 비교해봅시다. 둔촌주공 34평의 대지지분이 29평에 용적률이 100%이고, 목동아파트 35평의 대지지분이 29평에 용적률이 120%이며, 잠실 주공 36평의 대지지분이 25평이고 용적률은 138% 정도입니다. 반면 분당 주상복합 파크뷰 30평대의 대지지분이 10평미만이고 용적률은 355%입니다. 그런데 현재 가격이 6억 원에서 7억 원대에 있다면 어떤 아파트를 고르시겠습니까?

분당 파크뷰의 향후 입지가 위에서 거론한 3곳보다 월등하다고 생각하시는 분은 분명 분당의 파크뷰를 고르실 겁니다. 그러나 제가 부동산 강의를 하면서 이런 질문을 하면 모두 주상복합은 사지 않겠다고 말하더군요. 그래도 파크뷰는 양호한 용적률이지요. 주상복합은 800% 넘는 용적률도 많으니까요.

단기간 오를 수는 있으나 궁극적으로는 대지지분이 많은 아파트가 오르는 것을(아무리 정책이 바뀌어도) 우리는 지난 수년간 봐오지 않았습니까? 비슷한 조건의 아파트가 대지지분에서 3배 차이가 나는데 현재 가격은 비슷하다면 저는 헌 아파트를 사겠습니다. 재건축이 되든 안 되든 말입니다.

아파트보다 더 비싼 빌라

최근 들어 경기 불황으로 다세대·연립주택 등 서민 주택 경매 물건이 크게 늘고 있다. 더 안타까운 것은 이러한 주택들이 감정가보다도 훨씬 싸게 경매에 낙찰된 뒤 더 싼 값에 다시 경매에 나온다는 사실이다.

경매에 넘기는 심정을 생각하면 안타깝기 그지없다. 그러나 세상에는 이렇게 싸게 파는 주택이 있는가 하면 한편으로는 고가 행진을 거듭하는 아파트도 있다. 세상은 아이러니로 가득한 것 같다.

최근 어느 부동산 포털 게시판에서 "5억 원, 10억 원짜리 전세에 사는 사람을 봤는데 왜 집을 사지 않고 전세를 사는지 이해가 가지 않는다"는 글을 읽은 적이 있다. 세상의 모든 것을 자기만의 잣대로 판단하다가는 이런 현상을 이해하기 힘들 것이다. 주택시장을 하나의 잣대로 예단하는 정책 입안자들도 별반 다를 게 없다.

어쨌든 다세대나 연립주택은 아파트를 마련하기가 벅찬 직장 초
년생이나 서민들이 처음으로 장만하는 주거 형태다. 이들은 대개
부동산의 생리나 정보에 어두울 수밖에 없다. 반면에 다세대나 연
립 주택을 지어서 분양하는 업자들은 이들의 머리 위에 있게 마련
이다. 업자들은 서민들의 선입관을 십분 이용해 기만하는 행태를
서슴지 않는다.

예를 들면 26평에 방 3개라고 소개돼 있는 빌라의 경우 우리는
흔히 아파트처럼 전용 면적이 18평일 거라는 착각을 하기 쉽다. 그
러나 등기부 등본상 전용은 16평, 공용면적은 2~4평에 불과해 아파
트의 26평(전용 18평+공용 8평, 발코니면적 별도)과는 엄청난 차이가
있다.

만일 이 빌라의 분양가가 1억 4천만 원이라면 분양가 총액을 18
평이나 20평으로 나누어 계산할 때 평당 700~800만 원이나 한다.
그런데 26평으로 나누어 계산하면 540만 원이 나와 싸다는 느낌이
든다. 간혹 이 같은 점을 건축업자에게 항의하면 베란다 면적을 포
함해 평형을 이야기했다고 말하는 경우도 있다. 인근에 지어진 26
평 아파트의 평당 분양가가 700만 원이라면 평당 100만 원이나 비
싸게 사면서도 평당 540만 원에 산 것이라고 착각하는 오류를 범하
는 것이다.

이런 악덕 건축업자들에 속아서 실제로 서민들은 '나쁜 집을 더 비싸게 사는 우'를 범한다. 게다가 이러한 주택들을 분양하는 자들이 집을 양심적으로 지었을 리 만무하다. 아무것도 모르는 서민들이 많은 융자를 끼고 이러한 주택을 구매한 후 융자금을 갚을 길이 없어 그나마 있는 자산까지 송두리째 날리기 십상이다.

건축업자의 꾐에 빠져 융자를 받은 뒤 허름한 단독주택을 헐고 다세대 빌라를 짓는 것도 십중팔구 위험하다. 분양이나 임대도 되지 않는 마당에 IMF 때처럼 집값이 폭락하면 평생 모은 재산을 날리게 된다. 융자금을 갚으며 그대로 버틴다 해도 10년이 지나 건축물이 감가상각되면 자신이 갖고 있는 대지지분은 크게 줄어 재산가치는 하나도 없게 된다.

이 경우 돈을 버는 사람은 땅 주인을 꼬드긴 건축업자, 돈을 꾸어준 은행, 헐값에 낙찰받을 수 있는 전문적인 경매인들이다.

물론 모든 다세대에 해당하는 말은 아니다. 그 중에는 정말로 잘 짓고 양심적으로 분양하는 빌라들도 있다. 그러나 그러한 주택들조차 악덕 건축업자들로 인해 제 가치를 인정받지 못한다는 사실은 요즘 같은 아파트 값 폭등 시대에 서글픈 일이 아닐 수 없다.

참고로 감정평가사 박용수 씨가 『하루 만에 정복하는 부동산 재테크』에서 소개한 다세대 주택의 감정평가방법을 알아두는 것도 유용할 듯하다. 이 방법만 적용해도 다세대 주택의 적정가격을 산정하는 데 좋지만, 감정가조차도 경매로 넘어갈 경우에는 입찰하는 사람이 없어 감가율을 0.5 정도 이하로 낮게 잡아야 한다.

예를 들어 다세대 주택이 소재하는 지역의 전용면적 25.7평 아파트 가격을 25.7평으로 나눈 뒤 대상 다세대 주택의 건축물 대장상의 전용면적을 곱한다. 그 다음 다시 감가율 0.7을 곱해 가격을 산출한다. 이 경우 아파트 가격이 1억 5천만 원이라면 다세대 주택의 가격은 대략 8천 700만 원이 된다.

이런 기준으로 입주 2년차인 제기동 벽산아파트와 주변의 빌라 가격을 비교해보자. 입주 2년차인 32평 아파트 가격은 현재 매매가가 3억 원 정도이다. 이것을 25.7로 나누면 평당 가격은 1천 160만 원이다.

그렇다면 주변에 새로 분양하는 전용면적 21.3평 정도 빌라의 적정 가격은 얼마일까? 1천 160만 원×21.3평 × 0.7 = 1억 7천 300만 원이다. 그러나 환금성 면에서 아파트가 훨씬 낮기 때문에 위의 가격에서 20%는 더 할인해야 한다고 생각한다. 그러면 25평형(실평수는 21.3평)이라고 광고하는 빌라의 적정 가격은 1억 3천 900만 원이다.

적정 가격을 산정하는 것은 부동산에서 가장 중요하다. 잘 모르면 아파트보다 더 비싼 빌라를 사게 된다.

2장

성공하는
투자의 비밀

가난해도 부자의 줄에 서라

"가난해도 부자의 줄에 서라"라는 탈무드의 가르침이
있다. 최근 동부이촌동을 여러 번 드나들면서 이 말을 떠올리지 않
을 수 없었다. 동부이촌동에 사는 50대 후반인 나의 친척 누님이 그
좋은 사례다.

지금부터 30년도 훨씬 지난 1960년대 말, 나는 용산에 사는 친척
집에 놀러 가곤 했다. 당시 우리 형제들은 서울로 유학을 와 효자동
부근에서 살았고 친척들 역시 서울로 유학을 와 있었다.

사촌들은 용산으로 시집 간 누나 집에 함께 살았는데, 누나의 살
림살이는 그 당시 내 눈에도 어려워 보였다. 그리고 얼마 후에는 매
형과도 사별해 홀로 동부이촌동에서 장사를 하며 30여 년간 4남매

를 키워 분가시켰다. 그리고 지금 30년 만에 남부럽지 않은 '부'를 쌓을 수 있었다.

물론 지난 30년간 옆에서 지켜보지 않아서 구체적인 재테크 방법은 잘 모른다. 하지만 분명히 누나의 재테크에 가장 지대한 공헌을 한 것은 동부이촌동의 '공무원아파트' 재건축이었다.

재건축한 33평 아파트 한 채와 49평 아파트 두 채 등 3채를 갖고 있다는 얘기를 수년 전에 들은 기억이 있는데, 작년에 40평대 한 채를 팔아 서울 근교에 모텔을 샀다고 한다. 모텔과 49평대 월세 수입만도 매달 1천만 원이 넘는다.

누나는 작년에 아파트를 3채 이상 가진 사람은 실거래가로 양도세를 부담해야 한다는 뉴스를 듣고 잘 팔았다며 안심했다고 한다. 물론 판 직후에는 계속 아파트 가격이 상승해 속이 쓰렸으나 이제는 팔길 잘했다는 생각이다.

만일 누나가 동부이촌동이 아니라 강북이나 수도권 위성 도시에 살았다면 지금의 부를 축적할 수 있었을까? 이런 가정은 부질없겠지만 어쨌든 나의 생각은 '아니다'이다. 물론 장사를 해서 종자돈이 늘어났을 수도 있고 또 장사만으로 부자가 됐을지도 모른다. 하지만 적절한 시점의 부동산 투자가 시너지 효과를 발휘한 것만은 틀림없다.

동부이촌동은 뒤로는 남산, 앞으로는 한강(배산임수)이라 풍수학적 명당으로 강북에서 제일 비싼 아파트 단지가 있다. 이미 1970년대 초에 우리나라 최초의 고층 아파트가 생겨나기 시작해 여의도와 강남에 채 건설되기 전 이미 고급 아파트 단지의 효시가 됐던 곳이다.

물론 동부이촌동 전부가 고급 아파트 단지였던 것은 아니다. 지금 재건축이 완료된 한가람아파트나 대우아파트 등이 있던 자리는 소형 평형의 공무원 아파트 단지와 시영 아파트 단지였다. 그러나 동부이촌동을 관통하는 중앙 도로 남쪽이 한강 조망권을 가진 고급 주택단지였던 것이다. 이곳은 아직도 한강맨션과 렉스아파트를 비롯한 많은 저층 대형 아파트 단지와 노후한 고층 아파트가 재건축의 삽질을 기다리고 있다.

결론은 명약관화하다. 중앙 도로를 사이에 두고 상대적으로 슬럼화됐던 저층의 소형 아파트 단지가 대형 아파트로 재건축이 되면서 이촌동 아파트의 새로운 전기를 마련했다. 1990년대 말에 입주를 시작한 코오롱아파트, 강촌아파트, 한가람아파트, 대우아파트 등은 기존 이촌동 부촌의 대명사였던 서빙고동 신동아아파트의 가격을 넘보거나 넘었으며 웬만한 강남 지역보다도 비싸게 거래되는 실정이다.

그리고 2003년에 입주한 LG자이는 대부분 50평형대 이상으로 구성돼 있어 한강변 조망과 함께 동부이촌동의 부촌 이미지를 다시 한번 과시하고 있다. 그리고 2004년 봄 씨티파크의 분양을 계기로 동부이촌동의 아파트 값은 다시 한 단계 상승했다.

"못살아도 부자의 줄에 선다"는 것은 확실히 부자로 가는 지름길임을 알 수 있다.

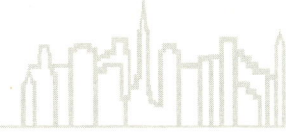

결단이 부와 빈을 가른다

IMF 시절인 1998년에 현금 2억 원을 가진 5명이 있었다. 6년이 지난 현재 부동산으로 인한 자산이 어떻게 변했는지 비교해보도록 하자.

김모 씨는 1998년에 2억의 전세를 끼고 강남 대치동의 아파트를 4억 원에 샀다. 지금 현재 시세는 12억 원을 호가한다. 5년 간 8억 원이 올랐다. 물론 전세를 끼고 샀으므로 입주는 하지 않았다. 대신 살림을 줄여서 친가에 들어갔다.

처음 전세금 2억 원은 두 번의 전세금 인상으로 현재 4억 원이 됐으며 추가로 받은 전세금은 안정적인 금융상품에 투자했음에도 불구하고 수년 만에 50%(1억 원)가 불어났다. 요즘 10억 원 모으기 열풍이 불고 있지만 잘 산 내집 하나로 부동산 투기꾼 소리를 듣지 않고도 손쉽게 10억 원을 모았다.

이모 씨는 같은 해에 같은 대치동의 아파트 32평을 2억 원에 샀다. 현재 시세는 8억 원이다. 처음 살 때부터 계속 주거하면서도 6억 원의 시세차익을 보고 있다. 6억 원 이상은 고가 주택으로 분류해 1가구 1주택도 양도세를 물린다고 하나, 6억 원 이상에 대한 시세차익 2억 원에 대한 세금만 물면 되므로 큰 걱정은 안 한다. 더구나 지금 그 집에 살아야 하므로 세금 같은 것은 염두에도 없다.

거주를 하면서 5년 간 매년 1억 2천만 원씩, 즉 한 달에 1천만 원씩 오른 셈이다. 그때 집을 안 샀으면 어떻게 됐을까 생각하면 등골이 서늘하다고 한다. 45세까지 10억 원을 만들어야 노후 걱정이 없다고 하는데 집값이 떨어지지만 않는다면 노후 대비는 다한 셈이다.

박모 씨는 1998년도에 목동아파트 35평 전세를 1억 원에 얻었다. 당분간 집값이 오르지 않을 것이라고 판단했기 때문이다. 그리고 나머지 1억 원은 주식에 투자했다. 처음에는 수익이 나기도 했지만 이내 손실로 반전돼 급한 마음에 2001년 초 남은 돈으로 일산의 25평 오피스텔을 청약했다. 현재 오피스텔은 입주를 했지만 월세입자를 못 구하고 전세를 놓았다. 자신이 전세를 든 아파트의 전세금은 지난 5년간 2배로 늘어, 2년 전에 할 수 없이 빚을 내 같은 단지 27평으로 1억 7천만 원에 옮겼다. 7천만 원의 빚은 최근 오피스텔을 전세 준 돈으로 갚았다. 그가 가지고 있는 돈은 5년 전 2억에서 현재는 27평 전세금 1억 7천만 원이다.

최모 씨는 강북에 분양받은 아파트가 있었다. 2000년에 1억 5천만 원을 호가했는데 강동으로 이사를 하느라 팔았다. 그후 2000년 말 강동구의 2억 원짜리 아파트를 사려다가 매달 갚아야 하는 원리금이 부담 돼 포기했다. 그가 판 아파트는 현재 3억 원이고 사려고 했던 아파트는 현재 5억 원이다. 그러나 그의 수중엔 여전히 전세금 2억 원뿐이다.

정모 씨는 1998년도에 2억 원짜리 34평 아파트를 샀다. 그리고 2001년에 1억 5천 전세를 끼고 자기 집을 담보로 대출 1억 원을 받아 한 채를 더 샀다. 현재 한 채 당 시세는 7억 원이다. 최고 비쌀 때는 8억 원이 넘었다. 대출금 1억 원은 전세금을 2억 5천만 원으로 인상하면서 갚아버렸다. 이제 중과되는 세금이 마음에 걸리지만 그래도 별 수고 없이 십수억 원의 재산을 모았다고 생각하니 뿌듯하다.

위의 경우 박 씨와 최 씨는 그대로 2억 원인데 나머지 친구들은 재산을 수 배 불렸다. 불과 5년 사이에 재산이 수천만 원에서 십 수억 원으로 차이가 벌어진 것이다. 그렇다고 재산이 없는 친구가 열심히 안 산 것도 아니다. 사업한다고 누구보다도 열심히 뛰었다.

그런데 왜 이런 차이가 발생한 것일까? 가장 큰 이유는 재테크로 인한 불로소득이 크게는 10억 원까지 차이가 나서이다.

물론 지금도 5년 전과 같은 방법이 통용된다고 생각하면 오산이다. 그러나 분명 오르는 곳이 있고 떨어지는 곳이 있다. 따라서 5년 후, 10년 후에 오르는 아파트를 사야 하는 것이다. 오르는 아파트를 사라고 2000년 말부터 강남, 강동, 송파, 목동을 주목하라고 했건만 사는 사람만큼 파는 사람들도 있었다. 진정한 투자란 확률이다. 오를 확률이 더 많은 곳에 집을 사야 하는 것이다. 조그마한 차이가 인생을 바꾼다.

부동산 투자 실패의 9가지 유형

왜 부동산 투자를 해도 실패하는 사람들이 있을까? 제대로 된 내 집마련을 하면 20년 동안 40배가 오르는 아파트가 있는 반면 거의 안 오르는 집도 있다. 심지어 재건축이 진행된 아파트의 경우 8년 간 10배나 오르기도 한다. 현재 강남의 십 수억 원 하는 아파트들도 20년 동안 30배 올랐다. 반면 지방은 20년 동안 거의 오르지 않은 곳도 많다.

성공 사례만이 회자되는 세상이라 실패 사례는 기록조차 없는 것이 현실이다. 그러나 아무래도 부동산 투자에 성공하는 사람보다는 실패하는 사람들이 주변에 더 많다. 차라리 사기를 당했으면 재산 손실을 남의 탓으로 돌려 화풀이나 할 수 있을 텐데, 사기꾼이 얼쩡거리지 않았는데도 부동산 투자에 실패해 손해를 본 사람들이 즐비하다.

우리 모두가 어느 정도 착각 속에 살긴 하지만 자신의 재테크 실력을 과신하는 사람들이 너무 많다. 자기 자신을 기만하는 것이 어쩌면 재테크의 가장 큰 적은 아닐까 하는 생각이 든다.

모든 사례를 각각 자세하게 소개할 수도 있지만 실패 사례라 짧게 소개하겠다. 아래의 실패 사례를 교훈삼아 똑같은 실수를 저지르지 않도록 주의하자.

1 1988년도에 서울 노원구 상계동의 주공아파트 지하상가를 4천만 원 주고 매입한 J씨, 처음에는 임대료도 받았는데 그후 상가는 주변의 발달된 상권 때문에 폐허가 됐다. 정도의 차이는 있지만 많은 대단지 아파트들, 신도시 아파트들의 상가조차 이마트와 같은 거대 할인점에 밀려 생존이 어렵다. 지금은 팔 수도 없고 매년 재산세만 꼬박 낸다.

2 2년 전 강북 한강변의 중층 재건축 아파트를 팔고 동부이촌동으로 이사간 L씨, 당분간 전세 살면서 집을 사기로 했다. 그러나 집값은 그가 팔았던 아파트나 현재 전세를 사는 집 모두 2년 전보다 거의 2억 원씩 올랐다.

3 나름대로 새 아파트이고 교통도 편리하다고 해 2년 전에 아파트를 옮긴 B씨, 그런데 그가 2년 전에 판 아파트는 행정수도 이전 바람을 타고 대전에서 가장 많이 오른 아파트가 됐다. 자신이 이사한 아파트는 2천만 원이 올랐는데 그가 판 아파트는 무려 2억 원이 올랐으니…….

4 C씨는 정년 퇴임 후 세입자 관리가 힘들어서 3년 전 강남구 신사동의 건물을 팔고 그 돈으로 강북 세종문화회관 뒤의 대단지 오피스텔을 여러 채 분양받았다. 그런데 지금은 분양가에 마이너스 프리미엄이 붙었고 임대도 나가지 않아 울상이다.

5 1998년도 마포구와 용산구의 재개발 지분 2채를 각각 2억 4천만 원씩 주고 산 D씨, 곧 IMF가 닥치자 그 아파트의 일반 분양가는 1억 6천만 원이 됐다. 무려 8천만 원씩이나 비싸게 준 꼴이 됐다. 당시 분양권은 처분할 수가 없었다. 결국 입주한 후 한 채는 2년 전에 3억 2천만 원에 팔았고, 나머지 한 채는 얼마 전 용산구가 실거래가 신고지역으로 지정되기 전에 세입자에게 팔아 넘겼다. 그런데 3억 4천 500만 원에 판 그 아파트의 2년 전 시세는 3억 6천만 원이었다. 그래도 산 가격보다 올랐으니 다행이라고? 2000년부터 그 아파트를 팔고 목동이나 강남으로 포트폴리오를 짰더라면 지금 노후대책은 마련했을 것이다.

6 S방송국에 다니는 K씨는 1998년도에 회사 동료들과 동호인 주택을 짓는다고 일산 부근의 땅을 융자 얻어 샀다. 이어 IMF는 터지고 이자로 월급의 반이 나갔다. 게다가 부근은 군사시설보호지역으로 묶여져 전원주택 건축 허가는 요원했다. 우여곡절을 겪고 집을 지으려 하니 수중에 남은 돈은 하나도 없었다.

7 1990년대 초, 서대문구의 아파트에 당첨된 J씨는 미국에 있었던 6년 동안 한 사람에게만 세를 주었다. 2001년 귀국해 목동에 먼저 세를 얻고 아파트가 팔리기를 기다렸다. 그러나 1층인 아파트를 살 사람은 거의 없었고 있다고 하더라도 세입자는 파는 데 전혀 협조를 하지 않았다. 그동안 그가 사려는 아파트는 2억 원이 올랐다.

8 은행원인 A씨는 조합 주택으로 32평 아파트를 염창동에 마련했다. 그후 해외 주재 근무를 나가게 돼 전세를 끼고 고척동에 24평 아파트를 한 채 더 분양받았다. 입지에 대한 분석이 전혀 이루어지지 않았던 탓이다.

9 2년 전 아파트 가격이 폭등해 섣불리 사지 못했던 N씨, 집 사는 것을 포기하고 전세로 가면서 마침 소형 오피스텔을 2채 분양받았다. 입주하면 연간 수익률이 20%가 넘고 중도금 무이

자 융자라는 달콤한 분양 광고에 속아서였다. 물론 현재 임대나 매매가 안 되는 상태이다.

권리금은 떨어지고 빈 상가, 빈 오피스텔, 미분양 아파트가 넘쳐난다고 한다. 그럼에도 불구하고 빈 땅을 사려는 사람들은 줄을 서고 있는 듯 보인다. 주의하지 않으면 10번 주인공은 바로 당신이 될지도 모른다.

투기의 속성을 이해하라

10.29 조치 이후 재건축 아파트 가격이 일반 아파트에 비해 상대적으로 많이 하락했다. 10.29가 아니었어도 시간이 지나면 저절로 꺼질 거품이었는지 단언할 수 없지만, 중요한 사실 하나가 있다. 투자자의 입장에서는 재건축의 성사 여부가 중요한 게 아니라는 점이다. 어차피 재건축 후 입주를 바라고 산 것이 아닌 이상 잔뜩 호가가 부풀어진 다음에 불나방처럼 뒤늦게 달려드는 매수자에게 팔아버리면 된다.

최근 부동산에 초보라는 분이 이런 질문을 했다.

"사람들이 왜 미리 사지 않고(재건축이든 분양권이든) 입주하는 시점 혹은 가격이 꼭대기에 달한 다음에 아파트를 사는지 이해가 가지 않아요."

이것은 분명 누구나 가질 수 있는 단순한 질문이다. 그러나 실입
주자는 그렇지만 투자자들은 그렇지 않다는 것을 알아야 한다. 그
들은 재건축의 성사 여부나 입주 여부의 불확실성에 대해서는 관심
이 없다. 오로지 오르기만 하면 된다.

그러나 평범한 사람들은 재건축 성사 여부나 새 아파트의 경우
입주 여부에 더 관심을 기울인다. 돈을 다 주고 사는 실입주자들은
"시공 중에 회사가 부도 날지도 모르는데 어떻게 분양권을 사놓는
다는 말인가?" "재건축이 불확실한데 어떻게 투자를 한단 말인가?"
하는 걱정 때문에 가격이 하락하면 사지를 못한다.

그러다 재건축 아파트나 분양권 값이 롤러코스트마냥 천정부지
로 오르고 마침내 상투에, 혹은 입주 시점에 더 이상 기다릴 수가 없
어서 구입하고 만다. 최고 높은 가격을 주고 말이다.

애드워드 챈슬러가 지은 『금융투기의 역사』 중 「1690년대 주식
회사 설립 붐」에는 다음과 같은 이야기가 소개돼 있다. 당시 영국에
서는 해저 보물을 미끼로 투자자들을 모으거나 각종 특허권을 근거
로 주식을 발행하는 것이 유행이었다(우리나라에서 코스닥 광풍이 몰
아칠 때 제정 러시아 시대의 보물선 돈스꼬이호 파동과 IT 거품 등의 엔
젤 투자가 있었던 것과 같다).

이럴 때는 정작 '신기술로 돈을 번다'거나 '보물선이 인양이 돼

돈을 벌게 하는 것'은 더 이상 사람들에게 중요하지 않다. 중요한 것은 미래가치를 사려는 순진한 사람들의 돈을 우려내는 일이다.

부동산 시장 역시 마찬가지다. 재건축의 성사 여부는 중요하지 않다. 재건축이 될 때까지의 기간 동안 보이지 않는 손에 의해, 투기꾼이든 실수요자든 농간에 의한 가수요이든 진짜 수요이든 오르기만 하면 된다. 더구나 적정한 시점(?)에서 정부는 정책이라는 수단을 통해 가격을 올리거나 내리는 데 일조하기도 한다.

말도 많았던 잠실의 재건축이 일반 분양을 시작했다. 재건축 아파트에 투자해 큰돈을 번 사람도 있을 것이다. 그러나 일찍 팔고서 투자한다며 강북이나 수도권으로 나간 사람들도 있을 수 있다. 또 주식처럼 오르면 팔고 내리면 사서 투자를 극대화한 사람도 없으라는 법은 없다.

그러나 가장 성공한 투자자라면 10년, 20년 꿋꿋하게 이사 가지 않고 살았던 사람이 아닐까? 분양권으로 변한 재건축 아파트는 입주 시까지 가지고 있으면 더 오를 테니까 말이다.

내집마련은 심리 게임이다

수년 전 노벨 경제학상을 수상한 프린스턴대의 대니얼 카네먼 교수가 있다. 사실 그는 경제학자라기보다는 인지심리학자이다. 그는 인간의 인지와 선택에 많은 편향과 오류와 비합리성이 있다는 것을 밝혀냈다. 상황이 어떻게 짜여졌느냐에 따라 인간의 인지와 반응은 전혀 다를 수 있다. 즉 그는 효율적 자본 시장의 기본 전제를 비판하며 경제학에 심리학을 접목시켜 이론을 완성했다.

내집마련을 얘기하면서 거창하게 경제학이나 심리학을 논하자는 것은 아니다. 그러나 내집마련을 하는 입장에서 경제 지표만큼 중요하게 살펴보아야 할 것이 '사람들의 심리'다.

내집마련 시점을 수요와 공급의 분석만으로 예측하는 것은 어려운 일이 아니다. 불과 3, 4년 전만 해도 많은 경제 전문가들이 "부동산 시대는 갔으며 금융 자산의 시대가 온다"고 주장했다.

그러나 이러한 예측과는 정반대로 금융 자산을 많이 가진 사람이 아파트를 많이 가진 사람을 부러워하는 세상이 됐다. 앞으로 이것이 뒤바뀔지는 모르지만 적어도 현재는 그렇다.

왜 이런 일이 생기는 것일까?

나는 인간의 불완전성에서 그 원인을 찾고 싶다. 모두가 집을 살 때라고 생각한다면 이미 가격은 올라 있으며, 상투라고 하면서도 계속 오르는 것은 경제학적인 분석을 비웃는 것이다. 그리고 급기야는 거품이라는 이론을 들고 나온다.

그런데 이 거품은 바로 인간의 심리가 만들어내는 것이다. 내집 마련이 경제학이 아니라 심리학이 돼야 하는 이유다. 거품이 굳어 알맹이가 되는 과정은 심리학으로 해석할 수밖에 없다. 비록 나중에 경제 이론가들이 거창하게 계량화시킨다고 해도 말이다.

부동산 사이트의 커뮤니티에서 벌어지는 '집값 동향에 관한 논쟁'은 바로 경제학자(?)와 심리학자(?) 들의 대리전이다. 적어도 지난 수년간 내집마련 시장의 상황은 '내집마련의 경제학'만을 신봉한 사람들이 심리학자들에게 참패한 결과이다.

얼마 전 이헌재 부총리는 당면한 경제 현안에 대해 "경제 주체의 심리적 요인을 우선적으로 고려해 정부 정책을 만들고 집행할 것"
이라고 밝혔다. 경제 주체의 심리적 요인을 도외시한 채 계량적 분
석에 치우친 처방만으로는 정부 정책을 미리 예상해 이득을 챙기는
시장 교란 행위를 막지 못한다는 진단에 따른 것이다.

　실제로 '개인채무회생법'과 신용불량자 대책 등 이 부총리 취임 이
후 윤곽을 드러낸 주요 정책은 심리적 효과에 대한 검증을 거쳐 마
련됐다고 한다. 이 부총리는 "개인채무회생법 적용을 받는 채무자의
상환 기간을 최대 8년으로 정한 것은 경제적 합리성보다는 심리적으
로 5년은 너무 짧고, 10년은 너무 길기 때문"이라고 설명했다.

　뒤늦은 감이 있지만 바람직한 현상이라고 할 수 있다. 그러나 계
량화할 수밖에 없는 정책에 '심리'라는 변수까지 적용하면 또 어떤
이상한 부동산 정책이 나타날지 우려가 되기도 한다.

두 단계 앞서 생각하라

특별히 감동적인 내용이 아니었는지 전체의 줄거리는 잘
생각나지 않지만, 초등학교 시절에 읽은 책내용 중에 아직도 기억
나는 에피소드가 하나 있다. 그것은 나약한 주인공인 소년이 자신
을 괴롭히는 친구들을 상대하는 방법에 관한 내용이다.

이 나약한 주인공은 친한 친구로부터 괴롭히는 녀석이 한 발짝
다가오려 할 때 먼저 두 발짝을 내딛으라는 충고를 듣는다. 그러면
상대가 겁먹고 더 이상 다가서지 않는다고 했다. 지금까지 기억하
는 것을 보면 당시 내가 그 내용에 상당히 공감했던 것 같다.

나는 2001년 이후 부동산 대책이 발표될 때마다 이 에피소드가
생각나곤 했다. 발표하는 대책마다 미봉책이었기 때문이다. 그리고

한 단계 더 나아간 대책을 짐작하기란 그리 어려운 일이 아니었다.

찔끔찔끔 내놓은 대책 아닌 대책은 부동산 투자에 관심 없이 살아가는 대다수 서민들에게 더욱 허탈감과 불안감만 안겨준다. 반면 투자자들(투기꾼이라고 하고 싶지 않다)에게는 더욱더 면역력만 길러주면서 투자의 묘미와 스릴까지 느끼게 해주었다

물론 정부가 급격한 경기 하락을 우려해 단계별로 대책을 내놓아야 하는 고충을 이해 못하는 것은 아니다. 그러나 그동안 내놓은 대책이라는 것을 보면 땜질식이 아니라고는 못할 것이다. 보유세 인상이나 분양권 전매 금지와 같은 본질적인 대책은 도외시한 채 변죽만 울렸기 때문이다.

한 친구는 강남이 다른 구보다 뒤늦게 투기 지역으로 지정됐다는 뉴스를 듣고 "강남이 아직까지 '투기 지역'이 아니었느냐?"고 물었다. 이미 한차례 투기 열풍이 휩쓸고 지나간 뒤였다. 그는 또 투기 과열 지구와는 무엇이 다르냐고 물었다. 이러다간 전 국토가 투기 과열 지구로 지정될 때까지 부동산 투자가 지속될 수도 있겠다.

한 단계가 아닌 두 단계 앞선 대책을 내놓았으면 소설 속의 이야기처럼 부동산 투자자들이 겁먹었을지도 모르겠다. 그러나 두 발짝씩 내딛은 쪽은 정부가 아니라 부동산 투자자들이었다.

그후 여러 개의 신도시 계획도 발표됐고 선거를 앞둔 정부는 50개 신도시를 경기도 분당만하게 만든다고 발표했다. 중복된 것인지 모

르지만 전체 인구가 다 신도시에 들어가서 살아도 되는 규모일 것 같다. 이제 양도세, 보유세, 등록세, 취득세 얘기도 모두 나오고 종합부동산세도 신설될 예정이다. 정말로 정부가 두 발짝 먼저 내디뎠다면 투기꾼은 사라지고 부동산 시장이 왜곡되지 않았을 거라는 생각이다.

지난 수년 간 강남의 부동산 값을 잡겠다고 행정수도 건설이니 신도시 건설이니 하는 발표가 잇따랐다. 그런데 정작 강남의 집값은 떨어지지 않고 잠잠하던 충청권과 경기도의 땅값과 아파트 값을 올려놓았다. 정작 누가 투기꾼인지 모를 일이다.

급락한 타이밍을 이용하라

지난 총선이 열린우리당의 과반수 의석 확보로 끝나자 한동안 뜸했던 충청도 땅에 대한 투자 문의 전화가 다시 울리기 시작했다. 쓸쓸한 기분을 감출 수 없었다.

여대야소가 됐다지만 사실 총선 결과가 부동산 시장에 획기적인 변화를 가져오는 것은 아니다. 그동안 각 당이 낸 부동산 정책을 보면 아파트 값을 반으로 내린다든지 하는 획기적인 부동산 정책은 없다. 다들 '아파트 분양 원가 공개'나 '후분양제 도입' '택지공급제도 개선' 등 원칙은 거창하지만 명분만 살리는 공약일 수밖에 없어서이다.

반면 총선을 전후해서 서울 부동산 시장의 동향은 총선의 후보자들만큼이나 잰 걸음이었다. 용산 시티파크의 광풍에 이어 잠실 아파트 분양가 인상과 재건축 아파트 가격이 급등했다는 뉴스가 신문 지면을 장식했다.

그리고 도곡동의 타워팰리스 3차와 삼성동의 아이파크가 입주를 앞두고 수억 원씩 올랐다고 보도됐다. 그러나 그것은 진위 여부를 떠나(104평이 잘 거래가 되지는 않았을 테니까) 이제는 부동산 시장이 하향 안정될 것이라고 기대했던 많은 순진한 사람들에게 또다시 좌절감을 안겨주기에 충분했다(본인들과 상관이 없음에도 불구하고).

나는 수년 전부터 부동산 시장이 언제 요동칠지 모르니 조정기에 내집마련을 하라고 계속 주장해왔다. 서민들이 투자자들에게 당하지 말기를 바라는 순진한 생각에서 시작한 일이었다. 나의 첫번째 책 『내집마련 기술』은 공교롭게도 부동산 시장의 조정기에 출간됐다. 그리고 5월과 9월에 폭등을 하고 작년 10.29 대책 이후 올해 초까지 분명한 조정기에 접어들었다. 그런데 1년이 지난 지금 그 조정기가 또 찾아왔다.

최근 강북이나 재건축 아파트 가격이 다시 10.29 이전으로 회귀했다. 정말 '내집마련 시기'를 저울질하던 많은 서민들은 허탈한 심정일 수밖에 없다.

반면 주변에는 지난 10.29 대책으로 재건축이 폭락하자 잠실의 재건축 아파트 13평을 과감하게 매수하고 동부이촌동 현대아파트

56평도 매수하는 사람을 보았다. 물론 투자 감각을 본능적으로 타고난 사람들의 경우이다. 6개월이 지난 지금 그 아파트는 다시 종전 최고 시세를 회복해 가고 있고 동부이촌동 아파트는 최근 리모델링을 추진하면서 사상 최고가를 기록하며 엄청 올랐다. 순진한 사람들이 고민하는 사이에 투자자들은 행동하는 것이다. "투자란 이렇게 재빠르게 하는 거야" 하면서 말이다.

지금 큰 평수 아파트를 사도 될까요?

질문 저는 현재 재건축한 사당동의 한 아파트에 살고 있습니다. 그런데 이 아파트는 입주 후 지난 2년간 가격변동이 전혀 없더군요. 그래서 잠원동의 50평대로 이사가려고 하는데 집값이 떨어진다고 하니 어찌해야 할지 모르겠습니다. 아이들 교육이나 미래를 생각하면 빨리 이사를 가고 싶은데 집값이 떨어진다고 하니 덜컥 큰 평수의 아파트를 사도 되는지 걱정입니다. 조언 부탁드립니다.

답변 재개발이 끝난 사당동 아파트가 강남 아파트와 가격이 비슷했던 것은 새 아파트의 프리미엄 덕분이었지요. 그러나 잠원동 아파트 값은 대지 지분과 입지에 따른 내재가치 때문에 지난 수년간 잠원동 아파트가 사당동과 가격을 벌렸던 것입니다. 이 이론은 제가 수년간 주장해왔습니다. 그런데 아파트를 사는 데 현재와 2년 후를 비교하는 것은 신이 아닌 이상 할 수 없습니다. 누가 100% 예측한다면 돈방석에 앉아 있겠지요. 아무도 알 수 없습니다. 그러나 다음 3가지를 가정해보세요.

1. 잠원동이 더 떨어진다.
2. 잠원동이 계속 조금씩이라도 오른다.
3. 잠원동 아파트 가격이 지지부진하다.

1번의 경우 시기는 언제인지 모르지만 사야겠구요. 2번일 경우도 더 오르기 전에 사야 한다고 생각하실 겁니다. 3번일 경우 전세를 살며 돈을 굴려도 좋은 방법이지만 언제 집을 사야 할지 모르니 과감하게 나머지 돈을 굴릴 수는 없지요. 결국은 평생 내 집이라고 생각하면 조정을 보일 때가 좋지 않을까요? 잠원동은 송파구보다도 최근 더 인기가 없어진 측면이 있지만 강남이고 언제 또 상승할지 모르는 지역입니다. 자신있게 판단하십시오. 제2의 IMF나 일본식 장기불황보다는 금리의 하향 추세로 요지의 아파트 가격은 견고할 것이라는 생각이 듭니다.

남이 준 정보는 정보가 아니다

정보의 중요성은 아무리 강조해도 지나치다고 할 수 없다. 무심코 주워들은 개발 정보로 대박을 터뜨린 사람들도 있다. 그러나 대부분의 사람들은 자신이 쉽게 얻은 정보에 확신을 갖지 못한다. 상상력이 부족해서이다. 또 쉽게 얻은 정보의 가치를 높게 평가하지 않는 경향이 있다. 따라서 어떻게 보면 남이 준 정보는 정보가 아니라고 할 수 있다. 스스로 정보를 가공하고 만들어야 피가 되고 살이 된다.

정보는 자신이 터득하고 피부로 느껴야 좋은 투자의 발판이 될 수 있다. 3년 전에 강북 아파트를 팔고 강남 아파트를 사라고 아무리 권유했어도 현실에 옮기지 못한 사람들이 태반이다. 자신이 확인하고 터득한 정보가 아니었기 때문이다. 그런 것은 다른 사람이 거저 준 정보이므로 의심스럽고, 확신하기도 어렵다.

고(故) 정주영 현대그룹 회장은 사업 성공 확률이 60%면 시작을 했다고 한다. 40%의 실패 가능성에 대해서는 아예 믿지 않았다. 그 확신은 한국을 세계 6대 자동차 생산 대국으로 만들었다.

그런데 내가 주장하는 '대지지분이 높은 아파트가 많이 오른다'는 정보는 이미 80% 이상 검증됐다. 물론 100% 그렇다는 것은 아니다. 타워팰리스 같은 경우는 주상복합의 새로운 지평을 연 점에서 투자가치가 있는 아파트였다. 물론 대부분의 주상복합은 장기적으로 투자가치가 있다고 할 수 없다. 그러나 일반적인 아파트들은 내가 주장하는 운명을 닮아간다.

다행스럽게 여러 매체나 강연을 통해 이런 내용을 설파할 수 있었다. 점점 더 사람들이 내 말에 공감하고 새 아파트를 고점에 이르렀을 때 팔아버리려고 한다. 적어도 새 아파트보다 투자 가치 재료가 있는 아파트로 갈아타기 위해서다.

지난 5년 간 사람들이 부동산을 구매한 후 가장 후회하는 경우는 다음과 같다.

1. 강남의 재건축 아파트에 무지해 강북의 새 아파트를 산 것
2. 강남의 아파트를 팔아버리고 신도시나 교외로 더 큰 평수의 아

파트를 사서 나간 것

3. 빌라를 산 것—1억 2천만 원에 산 빌라가 1억 원에 내놓아도 팔리지 않는데 같은 가격이었던 강북의 헌 아파트도 1억 원 이상이 올랐다는 것

4. 오를 때마다 혹은 저점을 보일 때마다 사지 못했던 것

그런데 지금도 새 아파트를 사야 하는지 고민하는 사람들이 많다. 웰빙 아파트라고, 새로운 평면이라고, 주상복합 시대라고 광고하니 현혹될 만하다.

아파트는 지어질 때는 항상 신평면이다. 20년 전에 지은 아파트와 현재의 아파트 골조가 크게 다른 것은 아니다. 물론 최근에는 내진 설계나 최신 공법을 동원하는 경우도 있지만 그것이 투자가치를 의미하지는 않는다. 현재를 즐기기 위해 새 아파트를 사면 그만큼의 비용 지불이 필요하다.

재건축 아파트가 오르는 것은 투자자들이 현재를 즐기지 않고 미래에 금전적 보상을 받으려고 하기 때문이라는 것을 알아야 한다.

그런데 이런 주장이 최근 '타워팰리스'라는 신주거공간 때문에 다소 설득력을 잃은 것도 사실이다. 그러나 땅을 딛고 살아야 하는 인간에게 69층의 수십억 원짜리 공간이 무슨 의미가 있는지 모르겠다.

땅 기운을 받고 살아야 하는 식물들도 생육 조건이 지상만 못할

진대 사람들에게도 영향이 미치지 않는다고는 할 수 없다. 서울을 내려다보는 조망권과 이름값으로 수십억 원을 지불한다는 것은 내 사고의 영역 밖이다.

물론 모든 것을 다 이해하면서 돈을 벌 수는 없다. 그러나 당신이 이해를 못한다고 모두 당신의 생각에 동조하는 것은 아니다. 그렇기 때문에라도 자신만의 재테크 정보 취합과 분석 능력을 길러야 한다.

투자의 지름길을 파악하라

전세제도는 우리나라에만 있는 제도다. 보통 월세 개념으로 집을 얻는 선진국에는 없다. 전세를 끼면 적은 돈으로도 일단은 내집마련을 할 수 있기 때문에 자금이 부족한 서민들은 지렛대 효과를 볼 수 있다.

지렛대는 적은 힘으로 큰 물건을 들어올릴 때 쓰는 것이다. 이론적으로는 지구도 그것을 들 만한 지렛대가 존재한다면 들 수 있다고 한다.

부동산에서의 지렛대 효과란 자기 자금이 적을 때 전세를 낀다든지 융자를 얻어서 더 큰 부동산을 사 투자 이익이 극대화되는 것을 말한다.

3천만 원만 있으면 7천만 원짜리 전세를 끼고 1억 원짜리 집을 살 수 있다. 이 집이 1년 후에 1천만 원만 오른다면 투자 대비 수익률은 연간 33%나 된다. 집값은 10% 올랐지만 투자 수익은 3천만 원 대비 1천만 원인 셈이다.

지금 시중 은행 금리가 월 4% 내외이고 인플레이션을 감안하면 실질 금리가 마이너스라고 한다. 앞서 예를 들었듯이 전세를 끼고 집을 샀다면 금융 비용은 제로이다. 전세제도는 무이자 융자나 다름이 없다.

이 전세제도 때문에라도 우리나라의 부동산 시장은 투기에 취약할 수밖에 없다. 즉 아파트 담보 비율을 40%로 내린다 어쩐다 해도 매매가 대비 전세비가 70~80%가 되는 경우에는 다시 전세를 끼고 집을 사놓을 수가 있다.

따라서 부동산 대책 중 1가구 1주택 양도세 면제 조건에 실제 거주요건을 강화한 것은 투기를 막는 데 큰 의미가 있다고 할 수 있다.

그러나 역 지렛대 효과도 있다. 작년 10.29 대책으로 깡통 아파트가 생겼다는 보도가 있었다. 3천만 원 자기 돈을 들여서 7천만 원 전세 끼고 아파트를 샀는데 7천만 원으로 떨어졌으면 투자 자금 3천만 원을 모두 날리게 된 셈이다.

30평 아파트의 경우 일반적으로 매매가격과 전세가격의 비율은

50%가 정상이라고 한다. 전세 비율이 60%일 때는 구입에 나설 필요가 있으며, 40%일 때는 좀더 기다려야 하고, 70%일 때는 융자를 얻어서라도 구입해야 하며, 30%일 때는 매도하라는 것이다.

예를 들어 목동 신시가지 30평 아파트의 경우 1987년에 매매가가 3천 500만 원이었다. 전세가격은 2천 500만 원으로 전세가격이 차지하는 비율이 71%고, 그 이후 1991년 초에는 2억 원 대 6천 500만 원으로 그 비율이 33%로 낮아졌으며, 1998년에는 1억 9천만 원 대 8천만 원, 2001년 초에는 2억 5천만 원 대 1억 3천만 원으로 다시 50% 높아졌다. 현재는 매매가가 5억 5천만 원에서 6억 원 사이이고 전세가는 2억 원 정도다.

은마아파트 31평의 경우 1987년도에 가격은 3천 800만 원이었고 전세가격은 3천만 원이었다. 따라서 전세가격이 차지하는 비율이 무려 79%에 달했다. 그러나 부동산 가격이 급등해 1991년 초에는 1억 9천만 원이 됐고 전세가격은 6천만 원이 돼 그 비율이 32%로 급락했다. 1998년 IMF 때 매매 가격은 1억 7천만 원, 전세는 8천만 원으로 떨어졌다. 2000년 초에는 가격이 2억 3천만 원이었고 전세가격은 1억 2천만 원으로 그 비율이 52%로 다시 높아졌다. 그런데 은마아파트의 경우 2003년 9월에 31평이 최고 7억 수천만 원의 최고가를 기록한 후 6억 원 정도의 시세를 보이고 있다. 즉 전세가가 2억 원이니 두 달 전에는 무려 전세가 비중이 27% 정도로 급락한 것이다.

잘 알다시피 은마아파트는 지난 수년 간 강남에서도 가장 주목을 받은 대치동의 중층 재건축 아파트다. 목동 신시가지 아파트 역시 좋은 아파트임에 틀림이 없다.

그러나 최근 은마아파트가 1억 원 이상 조정을 받았다고 하니 격차가 다시 줄어든 것 같다. 그런데 1998년도에는 은마아파트가 수천만 원 더 싸기도 했다.

이런 현상은 왜 일어나는 것일까. 다시 말하자면 아파트의 가장 큰 잠재적 구매자는 그 아파트에 전세를 사는 사람들이다. 그들의 구매력은 통상 전세금 50%, 융자금 30%, 저축액 20% 정도로 구성된다. 따라서 전세금의 비중이 70%로 높아지면 저축이 없어도 30% 융자를 얻어서 구매자가 될 수 있다. 그리고 그 수요는 폭발적으로 늘어난다. 그러나 전세금의 비중이 30% 내외라면 거의 모든 세입자가 자신의 능력으로 아파트를 살 수 없게 된다.

그런데 재건축 아파트의 경우 이런 기준이 적용되지 않는다. 매매가는 5억 원이 넘는데 전세가 5천만 원인 아파트도 있다. 미래가치로 인해 매매가가 너무 비싸기 때문이다. 그리고 언제 집을 비워줄지 몰라서 전세비가 싸기도 하다. 결국 재건축 아파트의 잠재적 구매자는 모든 사람이다.

그러나 위에서 예로 든 것은 30평 대 아파트에 잘 적용되는 사례일 뿐 그 이하 평수에는 적용하기 어렵다. 그 이유는 통상 10~20평 대 전세를 사는 사람들은 신용이 부족하거나 저축액이 부족해 융자를 얻어 집을 사기가 쉽지 않기 때문이다.

한편 50평이나 60평대에 사는 사람들은 융자에 의존하기보다는 대부분을 자기 자본에 의지한다. 따라서 소형 아파트의 경우는 아파트 가격과 전세금의 비율이 60%고 대형의 경우 40% 정도가 정상으로 볼 수 있다.

이렇듯 전세가와 매매가는 오묘한 상관관계에 있다. 사실 이런 단순한 법칙을 아는 것과 모르는 것의 차이는 크다. 이것을 아는 것이야말로 재테크의 기본 중 기본이라고 할 수 있다.

지난 수년간 이런 법칙을 이해한 사람하고 그렇지 않은 사람의 재산 가치가 2배 이상 벌어졌다. 전세를 살아보지 않은 사람은 이런 이론에 대해서 생각할 기회조차 갖지 못한다. 결혼 후 일찍 집 장만을 한 사람들이 오히려 쉽게 집을 팔게 되고 전세의 서러움을 아는 사람들이 그만큼 집 장만을 서두르게 된다.

부동산, 아는 만큼 보인다

나는 누구보다도 물건 값을 맞추는 데는 비상한 재능을 지녔다. 이 재능은 어릴 때 누나들(나는 누나가 셋이다)이 사온 옷가격을 정확하게 알아맞히기에서 비롯된 것 같다. 사실 누나들은 이런 능력에 감탄만 할 줄 알았지 나의 자질이 어떻게 발현되는지에 대해서는 심각하게 생각한 적이 없었을 것이다.

10여 년 전 회사 동료 셋이서 파리 발 프랑크푸르트 행 비행기에 탑승한 적이 있다. 우리는 당시 비행기에 비치된 잡지의 취항지 표시 루트맵을 보고 각 도시와 도시 사이의 거리를 누가 가장 잘 맞히는지 시합했다.

가령 한 사람이 파리와 부에노스아이레스의 거리가 얼마나 되는

지 물으면 나머지 두 사람이 생각하는 근사치를 말하는 식이었다. 이 게임을 수십 차례 했는데도 불구하고 나머지 두 사람이 나보다 더 근사치로 거리를 알아맞히는 경우는 없었다. 이 게임은 어려서부터 지리 과목을 좋아했던 나에게 분명 유리한 게임이었다. 하지만 다른 두 사람이 항공사 직원인데도 거리 감각이 전혀 없다는 점은 신기한 일이었다.

그러면 왜 나는 다른 사람보다 가격이나 거리를 잘 알아맞혔을까? 가격의 경우는 아무래도 실제 물가에 관한 지식이 많았기 때문이다. 게다가 그 옷의 디자인이 구식인지, 5년 전 디자인인지, 백화점에서 샀는지, 할인매장에서 샀는지 정확하게 유추하기 때문이었다. 물론 누나들의 주머니 사정을 잘 아니 더 정확한 가격을 예측할 수 있었을 것이다.

거리에 관해서도 옷의 경우와 다르지 않다. 볼리비아 보고타가 거의 정확하게 어디에 위치하는지 알고 있으며, 이미 다른 도시와 도시의 거리를 알기 때문에 비슷하게 유추하는 것은 너무나 쉬운 문제였다.

부동산에 있어서 정확한 감정평가는 매입 혹은 매도 시에 중요하다(감정평가사라는 직업이 생겨난 이유이기도 하다). 그러나 미래가치를 사야 하는 부동산의 경우 미래 가격 예측은 본인이 할 수밖에 없다.

아파트의 경우만 해도 매입(혹은 매도) 시점의 적정 가격 여부나 상승 가능성을 예측하는 데 있어 역시 많은 바탕 지식이 필요하다는 것은 불문가지다. 부동산 강의를 하면서 만난 사람들 중 서울에 모두 몇 개의 구가 있는지 정확하게 대답하는 사람은 없었다. 물론 서울의 면적이나 일정 지점과 지점 사이의 거리를 대략 유추하는 사람 역시 드물었다.

하물며 지역마다 서로 다른 아파트 가격 역시 대충이라도 파악하는 사람들도 없었다. 상대적인 비교를 못하는 것이다. 자기가 사는 동네의 아파트 시세도 정확히 파악하지 않고서 가보지도 않은 지역의 부동산에 투자를 했다고 한다.

사실 지난 30년 동안 부동산으로 대박을 터트린 사람들은 과거의 경험을 통해 미래를 예측했던 사람들이다. 물론 일부는 '소 뒷걸음에 쥐 잡기' 식으로 투자했는데 대박을 터트린 사람도 있다. 하지만 그 사람들 역시 무의식적으로 예측을 했음에 틀림없다.

"아는 만큼 보인다"는 말이 있다. 어느 분야든 마찬가지겠지만 부동산 역시 이 말은 진리다. 더 많이 알수록 더 정확한 예측이 가능하다. 전재산을 주고 사는 부동산, 알면 알수록 더 잘 살 수 있다.

정보를 읽는 눈을 키워라

'금융 지식이 돈'이라는 말이 맞는다면 '부동산 지식도 돈'이다. 그런데 많은 사람들이 금융 지식 없이 은행을 드나들듯 부동산 지식 없이 부동산을 사고판다. 나 역시 "아는 만큼 보인다"고 깨달은 것은 집을 사고 난 한참 후였다.

왜 다운 계약서를 쓰는지, 왜 부동산에서 더 가격을 낮춰(무슨 생색이나 내듯) 세금을 깎아주는지, 무슨 종류의 세금을 내는 것인지, 대지지분은 얼마인지 등등 정말 아무것도 모르고 덜컥 계약을 해버렸다. 사실 지금 알고 있는 것을 그때 알았더라면 훨씬 나은 판단을 했을 성싶다.

나는 스스로 생각해도 너무나 한심해 어느 날부터 부동산에 관한 공부를 하기 시작했다. 그러자 부동산에 대한 안목이 생겼고, 주위 사람들에게 조언을 해주기도 했다. 그런데 오랜 만에 만나는 예전의 지인들은 가끔 항의를 한다. "3, 4년 전에 아파트를 사라는 이야기만 해줬어도 지금 부자가 되었을 텐데" 하고 말이다.

내가 4년 전에 강남, 송파, 목동, 강동 지역의 대단지 재건축 아파트를 사라고 인터넷을 통해 설파했을 때 그들은 여전히 엉뚱한 지역의 분양권, 상가, 오피스텔을 사고 있었다. 그들이 산 오피스텔은 프리미엄이 붙지도 않았고 상가나 오피스텔은 임대가 안 돼서 고민하고 있다. 강남을 팔고 신도시로, 신도시를 팔고 수도권으로 옮긴 사람들 역시 후회하기는 마찬가지다.

나는 그때 느꼈다. 자신이 터득하지 않고 그냥 주어진 정보는 아무리 다른 사람이 떠든다고 해도 '소 귀에 경 읽기'라는 것을.

물론 부자가 되고 싶지도 않고 불로소득(누구는 그것을 불로소득이 아니라고 한다)의 마술은 자신과는 무관하다고 생각하는 사람들이 있다. 나는 오히려 이런 사람들이 사회를 지탱한다고 생각한다. 모두가 이재에 밝아져 '대박'을 꿈꾼다면 세상이 어떻게 되겠는가.

인터넷의 등장은 아파트 값의 차별화를 가져왔다. 매주 오르는 아파트를 파악할 수 있는데 누가 사지 않겠는가? 그러나 정보에 밝은 사람들이 늘어나는 만큼 상대적으로 정보에 소외된 사람들 역시 많아졌다.

하나의 정보로 판단한 한번의 선택이 미래의 부와 가난을 가른다면 너무 심하지 않을까. 그런데도 현실은 냉혹하다. 승자만이 모두 다 갖는다. 당신이 무심결에 지나쳐버릴 수도 있는 정보 하나가 당신의 부를 결정짓는다면 아찔하지 않은가.

정보의 중요성은 아무리 강조해도 지나침이 없다. 평소에 정보를 읽는 능력을 키워야 한다. 당장 돈이 없더라도 언젠가는 부자가 되겠다는 사람이라면 꼭.

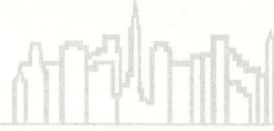

가난을 종자돈으로 생각하라

인류사에 족적을 남긴 사람들은 대부분 고난을 이긴 사람들이다. 이것은 속설이 아니라 독일의 심리학자들이 역사상 위대한 인물들을 분석한 결과 나온 리포트다.

우리 주변에도 부자로 태어나서 부자로 인생을 마치는 사람들이 있다. 그러나 그 얼마나 재미없는 삶인가. 평생 좋은 집과 좋은 옷을 입고 좋은 집에서 좋은 직업을 가지고 살다 죽는다는 것이 무슨 의미가 있는가. 우리가 원하는 삶은 고난을 극복하는 과정에서 이루어지는 것이다. 그것이 인생을 살아가는 참맛이 아니겠는가.

부자들 중에는 상속으로 부자가 되는 경우보다 자수성가형이 훨씬 많다. 『이웃집 백만장자(The Millionaire next door)』라는 책을 보면 미국 백만장자의 80%가 자수성가형 백만장자라고 한다. 비단 미국

만의 사례는 아닐 것이다.

최근 3년간 집값이 너무 올라서 좌절하는 사람들이 있다. 이 사람들은 아파트 가격 상승을 원망하기 전에 자신의 무능과 현실 대처 능력의 모자람을 탓해야 하지 않을까? 자신의 능력을 계발하지 않는 한 아무리 집을 살 기회가 많아도 놓칠 수밖에 없다.

지난 명절 때 고향에 가니 돈 번 사람들의 이야기가 시골에서도 회자되고 있었다. 강남 아파트는 아니지만 이미 행정수도 발표 전에 충청권 땅에 투자해 돈 번 사람 이야기가 떠돌았다. 또 2007년 금산 인삼 엑스포 개최 발표로 인삼 시장 부근에 땅을 가진 사람의 재산이 늘어났다는 얘기도 들었다. 물론 그 중에는 인삼 농사만으로 부자가 된 사람도 있었다. 여기서 부자의 정의를 그냥 샐러리맨의 목표인 10억 원이라고 한다면 말이다.

나는 고향이 인삼으로 유명한 금산이지만 초등학교 때 서울로 유학을 와서 인삼 농사에 대해 전혀 모른다. 만일 금산에서 인삼 농사를 배웠거나 아니면 서울 유학 비용으로 다 팔아버린 전답을 상속받았다면 현재는 샐러리맨이 부러워하는 부자가 됐을 거라는 상상을 가끔 해본다. 물론 부질없는 상상이다. 오히려 제대로 관리를 못해 지금보다 더 경제적으로 궁핍했을지 모르는 일이다.

그러나 무엇보다도 돈을 번 사람의 공통점은 20년 전에는 '가진 것이 아무것도 없었다'는 사실이다. 시계 수리공에서 출발한 사람, 소위 초등학교도 제대로 못 마치고 인삼 농사를 배운 사람, 가스 배달을 시작으로 가스 사업을 시작한 사람들의 공통점은 정말로 철저히 가난했다는 점이다. 물론 유산은 아무것도 없었고 대학 교육을 받은 사람 역시 아무도 없다.

이런 점으로 보자면 가난이란 오히려 축복이라고 할 수 있다. 가난하기 때문에 역경을 극복하는 힘이 생기고 가난의 고통을 알기에 불굴의 의지가 생겨났을 것이라 생각한다.

여러 해 전에 미국으로 입양 가 성공한 한 재미 교포 이야기를 읽었다. 전쟁 고아로 자라면서 길거리의 지렁이로 연명하던 그에게 미국 가정의 풍족한 음식은 경이로움 그 자체였다. 그에게 인생의 목표는 양부모의 기대를 저버리지 않는 인생을 사는 것이었다. 그렇지 않으면 다시 배고픔의 나락에 빠질 수 있으니까 말이다.

가난하다는 것은 분명 축복은 아니다. 그러나 그 가난이 사람에 따라서는 그 어떤 종자돈보다도, 아니면 돈으로는 환산할 수 없는 정도의 가치를 지닌 무형의 자산임을 항상 잊지 말아야 한다.

금산에서도 시골에 남은 노인들은 단독주택을 팔고 새롭게 들어선 아파트로 이사를 간다고 한다. 물론 단독주택이 잘 팔리지는 않지만 그래도 인삼을 말리기 위해 마당이 필요한 농사꾼들한테는 팔리는 모양이다. 서점에서 주택 잡지를 보니 금산군청에서는 아예 팔리지 않은 시골 주택들을 모두 모아 매물로 내놓기까지 했다.

혹시 고향이 시골이면 전답이나 구옥을 살펴보는 것도 좋겠다. 또 가치 있는 부동산으로 갈아타는 것도 하나의 재테크 방법이다.

상상력을 쌓아라

디벨로퍼(developer)라는 말을 들어본 적이 있는가? 들어본 적이 있다면 당신의 부동산 상식은 평균 이상이다. 디벨로퍼는 우리말로 '개발업자'이다. 흔히들 부동산의 꽃은 '디벨로퍼'에 있다는데 그 이유는 디벨로퍼가 '꿈을 파는 일'이기 때문이다. 그리고 그 꿈은 곧 '부'와 연결이 된다.

사막 한복판에 거대한 도박과 관광의 도시 라스베이거스를 만든 것도, 뉴욕의 허름한 빈민가가 새로운 아파트로 다시 태어날 수 있었던 것도 한 디벨로퍼의 상상력이 그 출발이었다. 그리고 그 상상력은 일약 디벨로퍼에게 돈과 명예를 안겨주었다.

최근 한 건설회사의 아파트 광고가 이러한 디벨로퍼의 성공을 차용했다. 사막과 황무지를 비벌리힐스로 만든 것처럼 자기 아파트 역시 비벌리힐스처럼 가치 있는 곳으로 변모할 것이라고 말이다.

아무도 거들떠보지 않는 사막이나 슬럼가를 개발한다는 것은 상상력이 없는 사람은 할 수 없는 일이다. 멀리 미국의 예를 들 필요도 없다. 현재의 강남도 30년 전에는 논밭에 불과했다. 주위의 반대를 무릅쓰고 경부고속철도를 놓은 것이나 88올림픽을 열었던 것도 다 상상력이 동원된 결과다.

그러나 상상력이 부족한 사람들은 무조건 반대만 한다. 부정적인 시각으로 바라보면 발전이 없다. 상상력이 부족한 사람들은 개발이 된다는 소문에 갖고 있는 땅도 내다 판다. 상상력이 있는 사람들은 억대 거지(땅만 억대로 갖고 있지 실제 고정적 수입이 없어 곤궁한 사람)라는 소리를 들으면서 서초동으로, 삼성동으로, 잠실로 발전이 되는 지역을 찾아 이동했다.

고속전철 개통과 용산 미군기지 반환 등으로 새롭게 용산이 주목받고 있다. 평당 수백만 원 하던 허름한 주택이 상업지구로 변해서 평당 4천만 원을 호가한다. 디벨로퍼들은 그들의 청사진을 사람들에게 팔기 바쁘다. 한국에서만 파는 것이 아니라 멀리 미국의 교포들에게도 상상력을 판다(물론 간혹 과장된 광고로 현혹을 하지만). 최근 재건축, 재개발, 뉴타운 역시 디벨로퍼의 영역이다.

물론 모든 개발이 다 성공하는 것은 아니다. 관광단지를 개발했는데 관광객이 오지 않으면 실패한 개발이다. 상상력이 너무 앞서다 보면 개발 사업이 실패하기도 한다.

부동산업계에 종사하는 사람이면 누구나 부동산 개발사업을 하고 싶어한다. 그것이 규모가 큰 개발이든 아니면 소규모이든 말이다. 개발에 따른 부가가치가 투입 금액의 수 배, 수십 배가 될 수 있기 때문이다.

그러나 이것을 단지 경제적인 가치로만 해석하는 우를 범하지 말자. 인류의 우주 개발이나 심해저 개발도 역시 상상력이 그 출발점이었다.

십수 년 전 회사 일로 미국 플로리다주 올랜도의 디즈니월드를 방문한 적이 있다. 그 규모의 광대함에 놀라고 상상력의 무한함에 다시 놀랐다. 상상력은 수많은 어린이들에게 꿈과 희망을 주었다. 그것은 디즈니사가 수십 년간 벌어들인 돈보다 훨씬 더 가치 있는 것은 아닐까?

성공학의 대부 나폴레온 힐은 "지구상의 모든 성취와 부는 아이디어와 꿈에서 시작한 것이다"라고 했다.

상상력이야말로 부자로 가는 지름길이다.

3장

이런 아파트를 사라

아파트, 서울에서 사라

서울의 구별 상반기 아파트 상승률에서 금천구가 1위를 차지했다는 뉴스가 2003년 4월에 나왔다. 금천구가 서울에서 가장 집값이 싼 지역이라는 점을 감안할 때 많은 것을 시사해준다. 사실 금천구를 비롯한 서울의 많은 구들의 집값은 신도시만도 못하다.

신도시뿐만이 아니다. 신도시 인기 상승과 더불어 새로 신도시 개발 지역으로 지정된 여러 도시들, 그리고 많은 수도권 택지개발 지구들 역시 서울의 집값을 위협하고 있다. 물론 강남 3구를 비롯해 용산구나 양천구나 광진구 등의 집값을 넘보는 것은 아니지만 신도시 등장 이후 서울의 일부 구 집값은 철저히 시장에서 외면당했다.

한편 지난 1980년대 말부터 1990년대 초 부동산 폭등기에는 서울 집값을 감당 못해 "서울에서 밀려난다"라는 자조적인 표현이 샐러리맨들의 유행어가 되다시피 했다. 서울에서 변두리로, 변두리에서 위성도시 더 작은 집으로 이사 갈 수밖에 없는 서민들의 애환이 일간지의 지면을 장식했던 때가 불과 10여 년 전이다.

그러나 IMF 이후에 찾아온 부동산 폭등기에는 이와 같은 표현은 찾아보기 힘들다. 이미 서울 근교의 집값이 서울과 동등한 수준으로 오르거나 혹은 더 비싸졌기 때문이다. 이제 서울이든 수도권이든 두 발 뻗고 잘 내집 하나만 있으면 으스대는 세상이 아닌가.

아무리 생각해도 서울의 소외된 지역들이 수도권보다 저평가돼 있다는 것은 분명 다시 생각해볼 문제다. 서울에 직장이 있다면, 그리고 아직 집 장만을 하지 않았다면 서울의 저평가된 지역을 찾아나서야 하지 않을까?

누구는 그 저평가된 지역이 어디냐고 물을지도 모르겠다. 앞서 나왔던 금천구를 위시해 도봉구, 은평구, 노원구, 강북구, 동대문구, 성북구, 중랑구 등이 떠오른다.

이미 구로구, 영등포구, 성동구, 동작구, 강서구 등의 많은 지역은 우리가 모르는 사이에 옐로우 칩으로 부상했다. "그래도 서울인데"라는 마음으로 살면 강남이나 신도시가 부럽지 않을 세상이 올지도 모를 일이다.

"전세 끼고 집 산다"는 말만 알아도
재테크 도사

2003년 2월에 평범한 사람들을 위한 내집마련 지침서 『내집마련 기술』을 펴낸 후 20대 후반부터 40대까지의 평범한 샐러리맨들로부터 많은 상담 이메일을 받았다. 질문의 대부분은 "지금 집을 사도 되는 타이밍인가" 혹은 "어느 곳에 사야 하는가"에 대한 것들이었다.

나는 인터넷에 접속할 수 없었던 때를 제외하고는 이메일을 받은 즉시 회신을 했다. 하루나 이틀 늦는 경우는 직접 답사를 할 필요성이 있었거나 자료를 찾기 위해서뿐이었다. 나의 회신대로 모두들 내집마련에 성공했는지는 잘 모르지만(회신을 받고 재답장을 보내오는 경우는 아주 드물다) 아직까지 부동산 시장이 잠잠하지 않은 것을 보면 대부분 나의 조언이 현재까지는 크게 틀리지 않았다는 생각에 다행스러울 따름이다.

그때 나는 '조정 시에 소중한 내집마련을 해야 한다'고 대부분의 상담 의뢰자들을 설득했다. 책을 낸 시점은 2월 중순이었고 이메일이 오기 시작한 시점은 2월 하순경부터였는데 2002년 9월 이후부터 2003년 4월까지는 확실한 부동산 조정기였기 때문이다.

어떤 분은 3월에 급매물 아파트를 계약하고 나서도 추가 하락하지나 않을까 해서 "계약을 해지하면 어떻겠느냐"는 이메일을 보내왔다. 물론 나는 "좋은 방법이 아니다"라고 회신을 보냈다. 아마 그때 취소했다면 지금 그 가격으로는 꿈도 꾸지 못할 일이다.

하지만 모두 이와 같은 상담성 이메일만은 아니었다. "좋은 책을 냈다"고 축하해주는 사람도 있었고 또 내집마련이 아닌 인생 상담까지 해오는 경우도 있었다.

그러나 최근에 온 한 이메일은 책을 이해하기 쉽게 썼다고 자부하던 나를 아연케 하기에 충분했다. 그 내용인 즉 책을 감명 깊게 읽기는 했는데 자주 등장하는 "전세를 끼고 집 산다"는 말이 무슨 뜻인지 모르겠다는 것이었다.

나는 회신에서 3천만 원만 있으면 1억 원짜리 집을 7천만 원 전세를 주고 살 수 있다고 설명했다. 그랬더니 다시 회신이 왔다. 어떻게 7천만 원이 있는 사람이 전세를 사는데, 돈이 더 적은 3천만 원이 있는 사람이 집주인이 돼 시세차익을 얻는지 전혀 이해할 수가 없다는 것이었다. 기성세대에게는 너무나 당연한 관용구가 신세대에게는 이해하기 힘든 문장이었다.

지금 이 책을 읽는 독자들 역시 살아온 배경이나 나이 또는 갖춘 지식 등이 모두 다를 것이다. 서울에서 10년 산 사람하고 30년 산 사람의 부동산 시장에 대한 시각이 다르듯이 강북에 30년 산 사람과 강남에 30년 산 사람의 가치관은 다르다.

전세 끼고 집 산다는 말을 먼저 안 사람과 그렇지 않은 사람과의 재테크 성적표가 다른 것은 너무나 당연하다.

사람들이 관심 갖는 아파트를 사라

부동산 시장의 동향을 파악하기 위해서는 신문과 함께 부동산 사이트의 게시판을 자주 보아야 한다. 신문을 보면 부동산 경기뿐만 아니라 경제가 어떻게 돌아가는지 파악할 수 있다.

이에 반해 부동산 포털의 게시판에 올라오는 글들을 통해서는 현재 사람들의 관심과 동향을 파악할 수 있다. 관심 있는 아파트가 어느 지역인지 공통점을 찾아내면 어디가 오르는 곳인지 파악할 수 있다. 게시판의 내용을 잘 살펴도 오르는 부동산이 보인다. 부동산 사이트마다 매주 가장 조회수가 많은 아파트들의 순위가 발표되므로 쉽게 관심 있는 아파트를 파악할 수 있다.

혹자는 지금 아파트 가격이 하락하고 있는데 게시판을 본들 무엇하느냐고 물을지도 모르겠다. 전세나 살면서 더 떨어질 때까지 기다리겠다고 한다. 확실히 지난 수년간의 폭등으로 향후 집값의 상승이 계속 지속된다는 것도 어불성설이다. 그러나 집값이 오르지 않는다고 단정하고 관심을 끊는다면 더 큰 기회를 잃어버릴 수 있다.

강남에서 전세를 살던 김○○(49) 씨는 작년 10.29 대책이 발표된 후 이제는 집값이 잡히리라고 생각했다. 이미 강남의 집값이 천정부지로 올라서 강남에다 집을 사는 것을 포기하기는 했지만 말이다.

그래서 예전 살던 친정 가까운 곳에 집을 장만하려고 마음먹었다. 강북의 새 아파트를 위주로 1년쯤 기다리기로 했다. 그런데 대학생 아들이 어느 날 인터넷의 아파트 시세를 보라고 불렀다.

마음속으로 생각하고 있었던 노원구의 한 아파트가 무려 5천만 원 이상, 전년도 10월에 비해 급격히 상승했던 것이다. 부동산에 전화를 걸어 알아봤더니 인터넷 시세가 오히려 더 쌌다. 작년 가을에 사지 못한 것이 또 한 번 후회됐다.

주택거래 실거래가 신고제도 시행 이후 신고 지역 이외의 지역도 급매물이 거래가 되지 않는다고 한다. 분명 하락하는 신호이다. 김명자 씨는 지금이라도 급매물을 잡아야 하는지 나한테 물었다. 물론 철저하게 급매물을 발품 팔아 잡으라고 했다. 지금은 매수자 시장이기 때문에 급매물이 나올 가능성이 많다.

요즘 강남 지역 아파트를 사면, 혹은 재건축을 사면 손해를 보지 않느냐고 물어보는 사람들도 있다. 그러나 질문은 좀더 구체적이어야 한다. 일반적으로 남들과 같이 생각하는 것은 돈 버는 투자 자세가 아니다.

강남도 지난 7~8년 간 하나도 오르지 않은 지역이 있고 그 반대로 몇 배가 폭등한 곳이 있다. 강북도 몇 배 오른 지역이 있고 떨어진 곳이 있다. 그냥 신문에서 주어지는 정보대로 일반적으로 생각하다가는 큰 코 다친다.

강남의 대형 평수는 이제 재건축 이외에는 공급할 수 없다. 재건축 아파트 소형 평형 의무 비율이라든지 임대 주택 건설 정책으로 기존의 블루칩 아파트 가격은 계속 견고할 것이다.

IMF에 집을 샀어도 손해본 사람들이 있는데 그 중엔 강남에서 부동산을 산 사람도 있다. 강남에 있는 오피스텔을 산 사람들은 아파트를 산 사람들에 비해 상대적으로 많은 손해를 보았다. 강남의 아파트를 팔고 강북의 것을 샀다고 해서 누구나 손해를 본 것은 아니다. 강남의 오르지 않는 아파트를 가지고 있는 것보다 강북의 오르는 아파트로 갈아탄 사람이 이익이다.

김○○(50) 씨는 강남구 우면동의 32평 아파트가 강남구의 다른 동네에 비해 오르지 않아 내심 속상했다. 입주할 당시인 6년 전만 해도 강남의 30평대 중 최고가였는데 거의 1억 원이나 쌌던 대치동의 E아파트 34평에 비해 3억 원이나 가격이 벌어졌다. 강남이라고 안심했는데 오르는 아파트는 따로 있었다.

40평대로 옮겨 가서 아이들에게 방 하나씩 주려고 생각한 김 씨는 어느 날 우연히 중계동의 친구 집에 갈 기회가 있었다. 중계사거리에 즐비한 학원가는 오히려 대치동의 그것을 능가하는 것 같았다. 과감히 강남의 집을 팔아 중계동의 40평대 아파트로 갈아탔다. 그가 갈아탄 아파트는 벌써 1억 원 이상 올라 6억 원 이상에 거래가 되는데 그가 판 강남의 아파트는 아직도 5억 원 초반이다.

나는 이 사람에게 그 이유를 분석해주었다. 입주할 시점에서는 가격은 고평가일 수밖에 없다. 그러나 8년이 지난 지금 별다른 호재가 없는 한 그 아파트가 비쌀 이유는 전혀 없다. 환경은 좋지만 건물은 감가상각되고 교통과 학군이 부각되지 못하니 수요가 생기지 않는다. 반면 중계동의 경우는 그 반대다.

이렇게 설명을 하니 어느 정도 이해를 하는 것 같았다. 아주 단순한 원리를 깨치면 강남에서 강북으로 갈아타도 성공하는 내집마련을 할 수 있다.

지난 수년간 부동산을 잘 산 사람과 잘못 산 사람은 동수이다. 강남을 팔고 강북으로 가 돈을 버는 경우가 있으니 반드시 일반론으로 생각하는 우를 범하지 말아야 한다.

자신의 올바른 판단 능력을 키우기 위해 부단히 노력하고 일반론의 함정에 빠지지 말아야 하는 것은 기본이다.

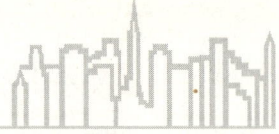

분양가 내역, 미래의 아파트 값 결정

새 아파트의 평당 가격이 이미 기존 아파트의 그것을 넘어선 지 오래다. 하지만 터무니없는 가격으로 분양하는 아파트가 너무 많다. 대지비가 비싸다면 할 수 없겠지만 건축비가 비싼 것은 이해하기 어렵다.

2003년 제3차 인천 지역 동시분양 공고를 살펴보니 왜 서울의 아파트와 지방 아파트가 갈수록 가격 차이가 벌어지는지 새삼 이해가 갔다. 아파트 분양가는 대지비와 건축비의 합계인데 인천 지역의 경우 전체 분양가에서 대지비가 차지하는 비율이 서울에 비해 절반도 안 됐다.

즉 서울 아파트의 분양가가 대지비 50% 건축비 50% 내외라면 인천 지역은 대지비 비율이 전체 분양가에서 20~30% 내외이고 70~80%를 건축비가 차지한다.

송도 신도시에 인천 지역 최초의 펜트하우스 6가구를 건설한다는 모 건설사의 91평 분양가는 무려 8억 8천 500만 원인데 그 중 대지비는 1억 3천 300만 원이고 건축비가 7억 5천 200만 원이다. 실평수당 평당 건축비가 무려 1천만 원이 드는 셈이다(참고로 33평의 경우 대지비는 3천 200만 원이고 건축비는 1억 7천 500만 원, 총 분양가는 2억 700만 원이다).

2004년 2월 마침내 도시개발공사가 분양가 공개를 해서 분양가에 거품이 많다는 것이 만천하에 드러났다. 더 재미있는 사실은 강북의 건축비가 강남보다 비싸다는 분석이 나왔다는 것이다. 이것역시 강남 아파트가 점점 오르고 강북 아파트는 별로 오르지 않는 또 하나의 이유일 수가 있다.

그런데 건축비가 비싼 강북의 아파트 품질보다는 일반적으로 강남의 아파트 품질이 좋다는 인식이 있다. 사실인지 모두 확인해볼수 없지만 강남이 각 건설회사의 모델하우스와 같은 경연장이라는점에서 어느 정도 수긍이 가는 이야기다. 이런 점에서 보면 오히려역설적으로 강북의 아파트가 강남보다 더 거품이 있다고 해도 될성싶다.

그러나 거품이란 어차피 시간이 지나면 판명이 난다. 강북 아파트가 10년간 강남 아파트보다 오르지 않은 이유는 10년 전에 이미 거품이 많았다는 말밖에 되지 않는다.

강북의 건축비에 거품이 더 많다는 이야기는 정말이지 강북을 여러 번 죽이는 것이다. 강남의 비싸고 오래된 아파트보다 세금도 더 많이 내는데 말이다.

그런데 거품에 관한 재미있는 사실은 분양가가 거품이라는 논란에도 불구하고(4년 간 무려 2배 이상 분양가 상승) 프리미엄 역시 대부분의 지역에서 분양가에 비해 50%에서 200%까지 올랐다는 점이다. 비록 비싸게 샀지만 분양받은 사람의 입장으로서는 억울할 게 하나도 없는 장사를 한 셈이다.

만일 아파트를 일반 소비자가 납득할 만한 적정 이윤만을 남기고 분양했다면 분명 분양받은 사람은 더 큰 이득을 취했을 것이다.

정부는 택지를 개발해 적정 이윤을 남겨 시행사에 넘기고 시행사는 또 시공사에 넘긴다. 시공사는 주변 시세에 맞추어 분양을 하고 분양받은 사람은 또 높은 프리미엄을 받고 팔아넘긴다. 최종 소비자는 많은 융자를 얻어서 입주를 기다리고 있는 것이다.

정말 민간 건설사들이 주장하듯 분양가의 2%밖에 이윤이 없을 수도 있다. 어차피 분양가를 공개한다고 해도 무슨 명목으로든 원가에 집어넣으면 되기 때문이다. 어찌 보면 분양가 자율화라고 명석을 깔아주었는데 분양가를 내리라는 주장은 자본주의 국가에서 요구할 성질이 아니다. 이미 분양가가 거품인 것은 다 아는 사실이다. 거품이라고 해도 사겠다는 사람들이 있는 게 문제다.

차라리 건설회사들이 분양가를 떳떳하게 공개해도 상관없을 듯싶다. 그것이 브랜드 가치이든 디벨로퍼의 기획이나 아이디어 값이든 말이다. 그 브랜드 값이 비싸다고 생각하는 사람은 분양을 안 받으면 될 일이다. 물론 공무원에게 주는 뇌물이나 정치권을 위한 비자금으로 새어나가지 않는다는 전제가 있어야 한다.

사람들은 비싸게 분양받아도 프리미엄이 붙으니 분양을 받으려고 애쓴다. 원가 이하에 분양하는 미분양 아파트나 지방 아파트에는 관심이 없다. 거품이 전혀 없는 저평가된 아파트가 많이 있는데 애써서 분양받으려 하는 이유는 투자에 대한 반대급부를 기대해서이다.

과거 소련과 같은 공산주의 국가에서는 예술가들이나 체육인들이 서방세계에서 벌어들이는 많은 수입의 대부분을 국가가 가지고 갔다. 그것을 공산당 간부가 중간에 착취했는지도 모르지만 원칙적으로는 모든 인민이 골고루 나누어 갖자는 취지였다. 그것이 불만인 사람들은 서구로 망명했다. 그런데 그 이상적인 공산주의 사회인 소련이 오늘날 철저하게 자본주의에 패배했다.

수년 전 한 연예인이 성에 관한 자신의 체험을 책으로 펴낸 적이 있었다. 그 책은 단숨에 베스트셀러가 됐고 그 연예인은 단숨에 수억 원을 벌었다. 그리고 더 재미를 본 것은 출판사였다. 적어도 저자가 인세로 가져가는 수입보다는 많았기 때문이다. 그런데 정작 그 책을 기획한 직원은 수백만 원의 인센티브 보너스만을 받았다고 한다.

자본주의는 선택을 할 수 있는 사회다. 출판사를 차려서 돈을 벌든, 분양권을 사서 차익을 남기든, 분양가가 비싸다고 항의를 하든, 아파트 가격 내리기 운동을 하든 그것은 각자의 자유다.

원가 연동제라는 이상한 방법으로 일단락이 된 것 같지만 여전히 분양가 공개는 아파트 가격이 하락하지 않는 한 화두일 수밖에 없다.

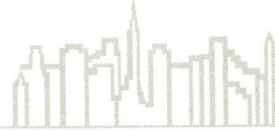

주거와 투자를 만족시키는 아파트를 사라

주거와 투자를 만족시키는 아파트가 좋다. 그러나 많은 사람들은 이것이 부질없는 생각임을 알기에 같은 돈으로 훨씬 평수가 작은 재건축 아파트를 산다.

그러나 과연 재건축 아파트에 사는 것이 주거의 질을 희생하는 대신 투자의 단 열매를 보상해주는 것일까? 이것의 대답은 YES일 수도 NO일 수도 있다.

예를 들어 현재 5억 원의 돈이 있다고 하자. 13평에 5억 원짜리 재건축 아파트는 전세가가 5천만 원도 안 된다. 그럼 투자금이 4억 5천만 원인 셈이다. 5천만 원에 전세를 살 수 있는데 오를 가능성을 믿고 4억 5천만 원을 더 투자한 것이다.

그런데 이미 재건축이 됐거나 재건축 가능성이 없는 5억 원짜리 아파트의 경우 전세가가 2억 원부터 3억 원까지를 호가한다. 이 경우 새 아파트라는 좋은 주거를 누리면서도, 전세비를 뺀 경우 투자 금액은 2억 원밖에 되지 않는다. 재건축 아파트가 그동안 일반 아파트보다 2배 이상의 상승률을 보였던 것도 이 투자 원금의 차이에서 기인한다.

다시 설명해보자. 시세가 5억 원인 재건축 아파트를 1억 원 전세를 끼고 산다면 투자 금액은 4억 원이다. 이것은 전세가가 2억 원이고 시세가 4억 원인 새 아파트 2채를 살 수 있다는 얘기가 된다. 세금으로 걷어가지 않는다면 5억 원인 재건축 아파트가 20% 올라 6억 원이 되고 투자 금액 대비 수익률이 25%이다.

그런데 새 아파트는 10%만 올라도 2채가 오르기 때문에 투자 수익은 같다. 목동이나 분당 아파트의 경우 재건축 대상이 아님에도 전세비 비중이 높아 상대적으로 투자 효과가 더 좋다. 즉, 5년 전에 목동이나 강남의 중층 아파트 혹은 분당의 아파트를 산 경우, 강남권이 아닌 곳에 있는 재건축 아파트를 산 것보다 투자 수익이 오히려 더 나았다는 말이 된다.

분명 주거의 질을 덜 희생하면서 투자가치가 많은 아파트를 고르기는 쉽지 않다. 무조건 재건축 아파트를 사면 돈 번다는 생각 때문에 사람들이 몰려들면 그때는 이미 늦다. 재건축 거품론까지 거론됐던 작년의 가격대는 분명 부담스러웠다. 그래서 1~2억 원씩 떨어졌다.

그렇다고 새 아파트가 더 많이 오르는 것은 아니다. 그리고 아파트 가격이 항상 올랐던 것도 아니다. 강북에서 재건축이나 재개발한 많은 아파트 단지들은 투자 수익이 없거나 기대 이하인 경우가 대부분이다. 차라리 강남이 아니더라도 부근에 기존 아파트를 샀던 경우가 더 나았다.

아파트를 고르는 일반적이 요령들이 있다. 그러나 그 요령들 중 무엇이 덜 중요하고 더 중요한지는 각 개별 아파트마다 다르다. 그러기에 아파트는 신중하게 사고 신중하게 팔아야 한다. 무턱대고 진주가 되는 아파트를 팔고 돌이 되는 아파트를 사는 사람들을 주위에서 많이 보았다. 안타까울 뿐이다.

아무튼 아파트를 고르기는 어렵다. 투자를 생각하지 않을 수도 없고 그렇다고 주거를 희생시킬 수도 없다. 하지만 분명 주거와 투자의 접점에서 고민하다 보면 둘 다 만족시키는 아파트를 찾을 수 있게 된다.

차라리 저가 아파트를 사라

내집마련은 쉽다. 분수에 맞는 집을 사기만 하면 된다. 내집마련은 소득의 과다와도 관계가 없다. 아무리 소득이 작아도 월수만 원씩만 저축할 수 있다면 수년 후에 번듯한 임대 아파트에 입주할 수도 있다.

그런데 왜 모두들 내집마련이 어렵다고 할까? 내집마련을 통해 시세차익을 얻고자 하기 때문이다. 집값이 정체돼 있다면 누구나 전세를 살고 차액을 주식이나 채권 등에 투자해 차익을 얻으려 한다.

그렇다면 시세차익이 많이 나는 집은 어떤 것일까? 연립이나 빌라 혹은 단독주택은 안 오른다고 하는데 주변을 보니 그렇지만도 않다. 허름한 단독주택이나 빌라를 산 사람들도 뉴타운 지역으로 지정이 되면서, 혹은 재개발이 추진되면서 많이 올랐다.

지금은 가격이 내렸다고 하지만 신도시나 수도권 아파트는 수년 전에 비해 프리미엄이 분양가만큼 올랐다. 심지어는 미분양 아파트조차 수천만 원씩 프리미엄이 생긴 곳도 많다

물론 강남, 강동, 송파구의 재건축 아파트는 현재 조정 중이다. 그러나 수천만 원 이상 1억 원씩 조정을 보인다고 해도 1~2년 전의 시세와 비교해보면 여전히 1~2억 원씩 올라 있다. 타워팰리스나 삼성동 아이파크 혹은 목동의 하이페리온 같은 고급 아파트들은 절대 금액이 크기 때문에 프리미엄도 일반의 상상을 뛰어넘는다.

목동이나 분당의 아파트들도 이제는 너무 비싸 쳐다볼 수도 없다. 잠잠하던 이촌동이나 상암동 그리고 뚝섬 인근의 아파트 역시 2004년에 많이 뛰었고 강북에서도 꾸준히 조금씩 오르는 단지들이 있다.

대전의 아파트는 이미 서울의 강북 아파트 시세를 넘었고 천안이나 충청권 혹은 부산이나 대구 역시 차별화의 대세에서 벗어나지는 못한다. 최근에는 전주의 아파트도 들썩인다.

그런데 모든 사람들이 이 아파트들의 현재 가격을 수년 전에 예측할 수 있었다면 어떠했을까? 그러면 가격은 현재보다 훨씬 비싸게 형성돼 있었을 것이다. 그러나 수년 전, 뉴타운으로 지정되기 전, 또

재건축이 본격적으로 사회 문제화 되기 전, 행정 수도 이전 발표가 나기 전, 용산 이전이 가시화되기 전에는 가격이 잠잠했다. 한마디로 말해서 현재 시세로 판단할 때는 저평가돼 있었다고 할 수 있다.

올림픽선수촌과 목동 아파트도 미분양 아파트였으며 타워팰리스도 하이페리온도 아이파크도 미분양이 나서 재분양을 했다. 작년까지만 해도 이촌동의 아파트 역시 타지역이 오르는데도 오르지 않았다.

지금까지 오르지 않은 아파트들도 재료를 만나면 오른다. 이제는 시장이 재료에만 반응을 한다. 장기적으로 재료가 있는 아파트들은 많다. 그런데 아직 시장에 반영이 안 되어 있다.

물론 과거보다 저평가된 아파트나 오르는 아파트를 사는 것은 더 어렵다. 지금은 무조건 남들이 좋다는 지역에 산다고, 혹은 재건축 아파트를 산다고 수익을 얻을 수 있는 것은 아니다. 3년 전에 대전이나 충청권 아파트를 사라고 권한 사람은 아무도 없다. 재건축 아파트나 최고급 주상복합도 마찬가지다. 그때도 가격이 상투에 이르렀다고 하지 않았는가?

지금 소형 아파트 가격은 원가 연동제 실시 발표로 하락하고 있다고 한다. 하락의 끝은 계속되지 않는다. 전세가가 떨어졌다고 언제까지 전세만을 전전할 것인가? 추락하는 것은 날개가 없다고 하지만 추락해 있는 것들도 충분히 비상할 수 있다.

옛날보다 더 힘든 결정을 해야 하지만 지난 수년간의 상승만큼 눈부신 상승을 하지 않을지라도 거품이 없는 저가 주택이나 아파트는 얼마든지 있다. 얼마 되지 않는 돈을 무작정 땅에 묻기보다는 그냥 인플레이션에 대비한다는 기분으로, 혹은 좀더 비싸게 전세를 산다는 기분으로 내집마련을 해보면 어떨까?

여윳돈이 있다면 조정 중인 단지들에도 눈길을 돌려야 한다. 하지만 무리한 융자를 받아 이미 오를 대로 오른 곳에 가서 위험을 감수하느니 아예 거품이 끼지 않은 대단지 아파트에 눈길을 돌리는 것이 좋다. 그런 곳은 서울에도 많다. 대단지로 조성된 강서구의 택지개발지구는 아직 상승 여력을 지니고 있다.

상계동 지역이나 일산은 통일이 가시화된다는 뉴스만 터지면 가격이 오르는 것은 시간 문제다. 대전보다도 싸고 신도시보다도 싼 대단지 아파트들이 서울에 있다. 물론 서울이 더 비싸고 대전이 더 싸야 한다는 법은 없지만 분명 저평가 돼 있는 곳은 많다.

거품이 많은 곳은 상대적으로 저평가된 지역 때문에 더 주목을 받았다. 로또처럼 800만 분의 1의 확률도 기대하는데 50% 이상 오르는 확률을 기대하는 것은 재테크의 기본이 아니겠는가. 현재에도 떨어질 가능성은 없고 오를 가능성이 많은 곳은 분명 존재한다.

집값은 당신을 기다려주지 않는다. 조정을 보일 때가 매수 타임이라는 것은 너무나도 당연하다. 역 전세 대란이고 집 한 칸 마련하는 것이 무슨 투기처럼 취급돼 세금이 수 배씩 중과되는 마당에 내집마련을 이야기하는 것이 생경하게 들릴지는 모르겠다. 그러나 분명한 건 앞으로도 수십 년 동안은 내집에 사는 것이 전세를 사는 것보다는 훨씬 재테크에 유리하다는 것이다.

재건축은 영원한 투자 대상이다

지하철 환승역에 있는 무빙워크는 운행이 중지된 것들이 많다. 부품이 없어 수리가 지연된다는 공고도 붙어 있다. 그런데 사람들은 고장 난 무빙워크 옆의 넓은 보도 통로를 놔두고 좁고 움직이지 않는 무빙워크를 더 많이 이용한다. 평소의 습관일 수도 있고 또 모르고(움직이는 줄 알고) 이용하는 경우도 있다. 어쨌든 사람들은 무빙워크가 움직이거나 움직이지 않거나 그 위를 부지런히 걷는다.

고장 난 무빙워크 위를 걷는 사람들을 보니 지난 수년간 재건축 시장에 뛰어든 사람들이 오버랩된다. 무슨 이유일까?
지난 수년간 부동산 시장의 무빙워크는 재건축 시장이었다. 가만히 있어도 저절로 이동하고 또 그 위에서 걸으면 그냥 보도 통로로 걸어가는 사람하고는 속도를 비교할 수가 없었다. 그래서 너도 나도 강남의 재건축 무빙워크 시장에 발을 디뎠다. 나도 오르는 아파트를 사라고 부추길 수밖에 없었다. 오르는 아파트가 뻔히 보였기 때문이다.

3년 전에 재건축 무빙워크에 탄 사람은 이미 도착점에 당도해서 목표 수익률을 올렸을지 모른다. 작년 9월 이전에 탄 사람 역시 은행 금리 이상의 차익을 실현했을 것이다.

그런데 문제는 2004년에 진입한 사람들이다. 최고점 대비 1~2억 원씩 떨어졌다고 하니 급제동이 걸린 것은 분명해 보인다. 2004년의 재건축 시장은 고장 난 무빙워크와 같았다. 이미 고장이 났는데도 계속 사람들이 몰려든 꼴이다. 언제 고칠지는 아직 요원하다. 어쩌면 5년이나 10년 이상이 걸릴지도 모를 일이다. 향후 2차 신도시 분양이 수년간 대세를 이루면 분명 재건축 시장은 관심에서 사라질 가능성이 많다.

나는 2003년 8월 말 한 백화점에서 주최한 강연에서 재건축 아파트에서 손을 떼고 강남이나 송파의 1980년대 지어진 중층 아파트를 주목하라고 말한 적이 있다. 나의 말대로 9월에 이들 지역의 아파트가 폭등했다. 그럼에도 재건축 아파트를 사도 되냐고 물어보는 사람들이 있었다. 나는 그 사람들에게 막차일지 모른다고 경고를 했다. 1~2억 원이 올랐다고 하면 매수자가 들끓는데 1~2억 원이 떨어졌다고 하면 매수자가 자취를 감춘다.

환승역에서 조금 빨리 가려고 무빙워크에 올라타니 고장이 나 있었다. 그럼에도 사람들은 열심히 올라탄다. 고장 난 무빙워크가 빨리 수리될지, 수리된 후 또 고장이 날지는 예측할 수 없다. 물론 언제 다시 규제가 풀려서 빨리 이동할지도 모르는 일이다.

지금까지는 급락할 때가 바로 매수 타이밍이었다. 7억 원일 때는 서로 사려고 안달하다가 5억 원을 부르니 아무도 사지 않는다. 이 얼마나 아이러니인가?

그러나 불확실한 미래가치로 인해 가격이 내리기도 하지만 현재 새 아파트에서 누리는 가치를 포기하는 한 재건축은 영원한 투자 대상이다.

집 사는 데 융자는 필수다

아파트를 매입할 때 자기 자금으로 100% 구입하는 사람은 없다. 돈을 다 모아서 집을 산다는 것이 얼마나 어리석은 일인지는 지난 수년의 학습을 통해 많은 사람들이 체험했다. 지난 수년간 적게는 50%, 많게는 3, 4배가 올랐기 때문이다.

물론 향후 집값이 거품이라는 보도도 있어 지금 당장 내집마련을 하려는 실수요자들은 헷갈릴 수도 있다. 하지만 강북의 경우는 오히려 10% 저평가돼 있다는 연구도 있으니 지역만 잘 선택해 아파트를 고른다면 후회할 일은 없다.

융자를 얻어 아파트를 살 경우에는 각자의 상환 능력에 따라 아파트 선택이 다르다. 지나치게 많은 융자를 이용해 아파트를 살 경우에는 아파트 상승 차익이 크지 않아 이자를 감당 못하는 경우가 많다.

이해하기 쉽게 2명의 예를 들어보겠다. 2003년 봄 아파트 가격의 조정기에 전세를 끼고 목동 신시가지 아파트 20평을 2억 2천만 원에 산 사람이 있었다. 이 사람은 1년 안에 지금 살고 있는 15평 아파트를 팔아 이사 갈 예정이다. 지금 시세는 3억 원을 호가하니 8천만 원의 시세차익이 생겨 성공한 셈이라고 할 수 있다.

또 다른 사람의 경우다. 이 사람 역시 2003년 봄 목동의 27평을 3억 2천만 원에 구입하려다가 헌 아파트라는 점이 싫어 포기했다. 그리고는 용산구의 새 아파트를 1억 원 융자를 얻어 3억 5천만 원에 구입했다. 불행히도 이 아파트의 시세는 작년 9월 이후 그대로다.

융자를 1억 원 얻어서 산 사람은 투자 수익은커녕 1천만 원의 금융비용을 진 반면 융자를 하나도 끼지 않고 분수에 맞는 아파트를 산 사람은 8천만 원의 시세차익을 보았다.

이렇듯 아파트 선택은 중요하다. 1년 안에 재산이 1억 원 이상 불어날 수 있기 때문이다. 물론 앞으로 집값은 안정이 돼야겠지만 그런 안정 속에서도 오르는 아파트가 있고 떨어지는 아파트가 있다.

돈이 많다고 더 나은 투자를 하는 것은 아니다. 융자를 많이 얻는다고 누구나 지렛대 효과를 얻는다고 생각하면 큰 오산이다. 자신이 없다면 전문가에게 물어서라도 판단을 해야 한다. 그러나 한 가지 원칙만 지켜도 투자에 반하는 집 매입은 피할 수 있다.

그것은 새 아파트의 환상에서 깨어나야 한다는 점이다. 돈이 모자라는 사람이 융자를 얻어서 새 아파트를 산다는 것은 투자 차원에서는 젬병이다. 지난 5년 간 부동산 시장을 지켜보지 않았는가. 재건축 아파트가 올랐고, 재건축이 주춤하니 중고 아파트가 올랐다. 새 아파트가 오르는 경우는 입주 초기 잠깐 이외에는 없다. 따라서 많은 융자를 얻어 새 아파트를 사는 것은 가급적 피해야 한다.

그러나 이 원칙이 반드시 맞는 것은 아니다. 목동 신시가지 아프트 부근의 새 아파트들도 많이 올랐기 때문이다. 그러나 그 아파트 값이 오른 것은 목동 단지의 상승 영향이 컸던 탓이다. 또 이러한 상승도 다른 단지의 상승에 비해서는 낮다는 것을 염두에 두어야 한다(물론 새 아파트의 경우 전세비가 더 높아서 전세를 끼고 살 경우 투자 차익에서는 더 나을 수도 있다. 그러나 궁극적으로는 본질적인 가치가 이긴다는 것이 나의 생각이다).

흔히들 아파트를 청약한 후 많은 융자를 얻어 입주하거나 분양권을 산다. 입주 후 더 오르기를 기대해서이다. 그러나 분양권 손 바뀜이 활발하게 진행된 새 아파트의 경우 융자 부담이 크면 매도를 고려해보아야 한다. 융자부담이 없는 중고 아파트로 갈아타는 것도 좋다. 아니면 양도세 면제 시점에서 향후 투자 가치를 따져 계속 살 것인지 여부를 결정해야 할 것이다.

상황에 따라 아파트를 사고 팔아라

다음은 내가 닥터아파트(www.drapt.com)에 올린 글이
계기가 돼 2001년 5월 28일자 조선일보에 소개된 인터뷰 기사 내용
이다.

"억대의 돈을 쏟아 붓는 '내집마련'을 하면서 너무 부화뇌동합니다."
서울 목동에 사는 최정환(41) 씨는 부동산 전문가가 아니다. 하지만 지
난 3월 부동산 관련 사이트에 띄운 세 편의 글이 조회수 1,000회를 넘나
들 정도로 인기를 끌고 있다. 닥터아파트 곽창석 이사는 "소비자 눈높
이로 쓴 글이어서 전문가 조언보다 훨씬 유익할 것"이라고 칭찬했다.
최씨는 한 항공사의 몽골지사에서 근무하다 귀국한 지난 1998년 지금

의 30평형 아파트를 장만했다.

"저도 그랬지만 사람들이 너무 생각 없이 집을 구입합니다. 냉철하게 투자 개념으로 접근해야지요."

집을 통해 5천만 원 가량의 시세차익을 내고 있다는 최씨는 자신만의 노하우를 담은 '아파트 투자비법'을 공개했다.

● **상·하한가 차이 크면 상한가 '거품' 가능성** 고가의 고급 단지에서는 상·하한가 차가 크다. 입지 여건에 따라 상·하한가가 벌어질 수도 있지만 상한가의 경우, 그 당시의 유행에 따른 거품일 가능성도 높다. 따라서 무조건 로열층을 사면 얼마 후 팔기는 쉬울지 몰라도 거품이 꺼지면 손해를 볼 수 있다.

● **상·하한가 차이 없으면 로열층을** 주로 오래되거나 작은 평수의 아파트에서 나타난다. 이런 아파트를 구입할 때는 로열동, 로열층을 구입하는 게 좋다. 가격이 조금 싸다고 비로열층을 구입하면 환금성에 문제가 생길 수 있다.

● **같은 지역에서 가격차가 큰 경우** 장기간 거주할 생각이라면 싸고 오래된 아파트를 구입한 후 새 아파트와의 차액으로 다른 재테크를 한다. 여윳돈으로는 초기자금이 적게 들어가는 분양권 투자를 하는 것도 좋다. 이제 융자를 받아 큰 아파트를 구입한다고 해서 과거처럼 큰 시세차익을 기대하기 힘든 시대다.

● **소형을 두 채 구입한 후 대형에 전세 사는 것도 방법** 목동의 1억 원

짜리 20평(전세 8천만 원), 1억 5천만 원짜리 27평(전세 1억 1천만 원), 2억 6천만 원짜리 30평(전세 1억 4천만 원)을 따져보자. 우선 재건축을 하게 되면 20평과 27평을 합한 대지 면적이 30평형의 1.5배다. 또 30평을 구입하는 것보다 20·27평을 매입하고 30평에 세 들면 그 차액으로 은행이자 수입까지 챙길 수 있다. 더구나 소형의 가격 상승률이 대형보다 높은 추세다.

● **두 토끼는 잡기 힘들다** '투자수익'과 '편안한 내집에서 살기'를 동시에 얻기는 지극히 힘들다. 새 아파트나 입지 조건이 좋다면 이미 가격에 반영돼 있다. 그 가격을 주고 그 아파트에 산다는 것은 '투자'보다는 '누리겠다'는 쪽을 택한 것이다. 출퇴근이든 주거 환경이든 대가를 지불해야 보상을 얻을 수 있다.

● **장기 계획을 세워라** 앞으로 몇 년 후에 어디에 어떤 아파트를 구입할 생각이고, 어떤 불편까지 감수할 수 있고, 어느 정도의 금액을 준비할지 계획표를 짜야 한다. 분위기에 휩쓸린 '묻지마 투자'는 반드시 실패한다.

그러나 위와 같은 내용은 2001년도 이전이나 가능한 전략이다. 현재는 두 채를 줄여서 한 채를 가지고 있는 편이 훨씬 나은 재테크가 될 수 있다. 그러나 요즘도 아파트를 한 채 더 사놓는다는 사람들이 있다. 오르면 양도세를 좀 내도 되지 않느냐고 생각한다. 그러나 투자의 패러다임이 바뀌고 있다. 입지가 별 볼 일 없는 곳에 두 채를 가진 것보다 입지가 나은 곳의 1채가 더 경쟁력이 있고 세금도 절약된다.

역전세 대란을 역이용해라

지금 아파트 시장에 역전세 대란이 일어나고 있다는 보도다. 전세가가 하락하는 마당에 매매가가 급격히 오를 가능성은 거의 없고 더구나 분양가 인하 소식도 들리니 이제야말로 부동산 시장이 하락세에 접어들었다는 공감대가 확산되는 듯하다. 서울 동시 분양에서도 미달 사태가 일어나기 시작한 지 1년이 넘었다.

역전세 대란이 일어나면 떨어지는 전세비를 집주인이 돌려줘야 하는데 지난 1998년 IMF 환란 때는 집주인들이 전세비를 돌려주기 위해 어쩔 수 없이 집을 팔기도 했다.

그런데 지금 생각해보면 아이러니컬하게도 역전세 대란이 일어났던 1998년도나 2001년 말은 아파트 구입의 적기였다. 2001년은 1998년부터 상승하기 시작한 부동산 경기가 9.11 테러 등으로 잠시

꺾이던 해였으나 그 이후 2년 동안 폭등했다.

그러나 지금은 1998년부터 2003년까지 이어온 상승의 조용한 조정기이다. 지금의 조정기가 추락의 신호탄인지 속단하기는 이르며 또 그것을 자신 있게 말할 수 있는 사람은 아무도 없다. 그러나 분명한 것은 정부의 부동산 안정 의지다. 2003년의 10.29 조치로 일단 아파트 시장에서 투기꾼들은 물러난 듯 보인다.

그러나 아무리 시장이 정부의 의지대로 움직인다고 해도 누르면 더 뛸 수 있는 것이 또한 부동산 시장이기도 하다. 수급을 인위적으로 막는다는 것은 자본주의 시장 원리에 반한다. 억눌린 시장이 언제 다시 폭등할지 모르기 때문이다.

지금의 조정 상태에서 더 큰 급락 가능성은 없어 보인다. 향후 2년 간 전세비가 안정된다고 해도 2년 후에 다시 전세비가 오를 가능성이 없다고는 할 수 없다. 그때가 되면 매매가 역시 같이 오르지 않는다고 어떻게 장담할 것인가.

그렇다면 내집마련 실수요자는 어떻게 해야 좋을까?

내집마련을 앞둔 세입자라면 아무리 전세비가 내렸다고 해도 지금 살고 있는 평수보다 큰 평수의 전세를 얻는 것은 재테크 관점에서는 빵점일 수밖에 없다. 전전세를 놓는다면 모를까 과소비하는 것이기 때문이다. 오히려 현재보다 더 작은 평수의 전세를 얻어서 현금을 확보하고 정말로 매수 찬스가 왔을 때 내집마련의 종자돈으로 남겨두어야 할 것이다.

지금 좀더 허리띠를 졸라 매야만 기회를 잡을 수 있고 그 기회는 더 큰 기회를 제공한다는 것은 재테크의 불문율이다.

정확한 시세 파악부터 해라

즐겨보는 TV 프로그램 중 'TV 쇼 진품 명품'이라는 것이 있다. 시청자들이 소장하고 있는 골동품을 전문가들이 감정해주는 프로그램이다. 이 프로그램에서는 먼저 소장자와 3명의 비전문 게스트가 예상 가격을 말한다. 그리고 전문가의 감정을 거쳐 감정가가 나온다. 나 역시 나름대로의 감각으로 가격을 측정하기도 하는데, 그 가격이 전문가들이 감정한 것과 근사치를 보이면 왠지 뿌듯한 마음이 든다.

그런데 한 가지 재미있는 사실은 소장자들이 전문가들의 감정가보다 자신의 소장품 가치를 높게 평가하는 경향이 있다는 것이다. 심지어는 10배 이상 차이가 나는 경우도 있다.

왜 이렇게 다를까? 터무니없이 다를 때는 대부분 진품이 아닌데 진품이라고 믿고 있었던 경우다. 한편 진품임에도 불구하고 감정가가 차이가 나는 이유는 소장자가 자신의 소장품 가치를 과대평가해서이다. 물론 시장에서의 가치에 대해 전혀 문외한이어서 진짜 가치보다 낮게 평가하는 경우도 있다.

사실 골동품이나 예술품 시장은 차별화가 그 어느 시장보다 크다. 고흐의 그림이 수천만 달러에 거래되고 우리나라 이중섭이나 김환기와 같은 몇몇 화가의 작품은 시장에서 점점 더 비싸지고 있다.

2003년부터 강남의 아파트 가격에 40%의 거품이 끼었다는 연구가 보도됐다. 반면 강북의 아파트는 역으로 적정가격 대비 10% 싸다는 연구 발표 보도도 있었다.

서울의 아파트 가격은 지난 수년간 차별화가 많이 진행돼 최고 4배 이상 벌어졌다. 대치동의 아파트를 팔면 강북의 아파트 3, 4채를 살 수 있다. 누구는 강남이라는 이름 값 때문에 비싸다고 하고 누구는 투기꾼들의 농간 때문이라고도 한다.

아파트 시장에는 항상 시세가 있다. 지금 40%가 거품인 시세가 제자리를 찾아갈지, 아니면 강북의 아파트가 거품으로 변할지는 아무도 모르는 일이다. 그러나 중요한 것은 자신의 아파트에 대한 가격 변동을 항상 주시해야 한다는 점이다.

지나친 과대평가도 금물이지만 과소평가해 싸게 파는 우를 범하지는 말아야 한다. 지난 수년간 아파트를 사서 돈 번 사람만큼 아파트를 팔아서 손해본 사람도 있다는 것을 기억할 필요가 있다.

아파트의 서열화를 가지고 온 인터넷

수년 전에 입시전문기관들이 수능 대입배치표를 발표하자 언론들이 그것을 신문에 싣지 않겠다고 결의했다. 사실 배치표는 그동안 대학의 서열화를 부추긴 측면이 있었다. 그리고 그러한 서열화는 SKY로 지칭되는 명문대, 나아가서는 서울권 소재 대학의 선호 현상을 가속화시켰다.

신문에 대학배치표가 실리기는 20년이 훨씬 지난 것 같다. 1981년 전두환 정권은 당시 만연한 과외를 근절하고자 본고사 폐지, 대학 졸업정원제, 과외 금지령 등을 선포했다. 그리고 대학 정원(특히 명문대)을 거의 2배로 늘려서 입학은 쉽게 하고 졸업은 어렵게 하는 제도를 단행했다.

물론 졸업정원제는 곧 유명무실한 제도가 됐으며 그후에도 대입 제도가 여러 차례 바뀌면서 과외의 종류는 더욱더 다양해져 갔다. 이른바 면접 과외, 논술과외, 입시 컨설팅 같은 사업이 번창한 것이다.

그리고 졸업정원제가 실시되면서 당시 후기였던 많은 대학들이 더 이상 후기로 있다가는 우수한 학생을 입학시키지 못할 것이라는 위기감에 전기로 전환했다. 그리고 신문들은 입시학원들이 발표하는 학력고사(수능) 배치표를 앞다투어 싣기 시작했다. 그리고 그러한 배치는 각 대학의 점수 서열화를 고착시켰으며, 그 최대 수혜자는 앞서 언급했던 서울 소재 명문 대학들이었다.

나는 매주 받아보는 일간지의 전국 아파트 시세표를 볼 때마다 대학 입시 배치표가 떠오른다. 이 시세표 역시 각 부동산 정보 제공 업체들이 제공하는 내용을 아무런 여과 없이 싣고 있다. 처음에는 경제지에만 실렸는데 2, 3년 전부터는 매주 월요일 종합지의 두 면에 걸쳐서 실리고 있다. 그러나 볼 때마다 시세가 너무나도 부정확해 걱정이 된다. 엉터리 정보만을 믿고 부동산 거래를 하는 사람들이 있을까 두려운 마음이 든다.

물론 시세는 틀릴 수밖에 없다는 한계를 가진다. 하루에도 수천만 원에서 1억 원이 오르는 인기 지역의 시세를 제대로 반영하기에는 역부족이다. 그럼에도 불구하고 이러한 시세표는 전 국민에게 아파트가 투자할 만한 상품임을 인식시키는 데 지대한 공헌을 했다. 누구든 매주 오르는 아파트가 어디인지를 쉽게 파악할 수 있게 했으니 말이다.

과거 대입 배치표가 대학의 서열화를 가지고 온 것처럼 아파트 시세표 역시 아파트의 서열화를 가지고 온 것은 아닐까?

4장

아파트에 대해
알아야 할 모든 것

전세가와 매매가의 상관관계

최근 부동산뱅크가 "전세가가 낮은 아파트가 더 많이 올랐다"는 의미 있는 자료를 내놓았다. 나 역시 평소 같은 생각을 했는데 자료가 부족해서 실증적으로 밝혀낼 수가 없는 게 아쉽던 참이었다. 이것은 오르는 아파트를 고르는 데 대한 판단 근거가 될 수 있다는 점에서 중요한 자료라는 생각이 든다.

위의 얘기는, 매매가 1억 원이고 전세가가 7천만 원인 아파트보다 매매가가 1억 원인데 전세가가 4천만 원인 아파트가 더 올랐다는 얘기다. 물론 재건축 대상 아파트의 경우 전세가가 매매가의 20%도 안 되는 경우가 많다. 이런 아파트의 경우 재건축이라는 미래가치 때문에 일반 아파트보다 상승률이 2배 이상 높았다.

그러나 부동산뱅크의 자료는 재건축 아파트를 제외한 발표라 홍

미롭지 않을 수 없다. 사실 그동안 재건축 아파트를 제외할 경우, '사야 하는(오르는) 아파트'의 1순위는 신축 아파트나 전세가가 높은 아파트였다. 전세가가 높으면 '매매가를 끌어올린다'는 속설과 아무래도 "오래된 아파트보다는 신평면의 새 아파트를 사람들이 많이 찾을 것이다"라는 논리 때문이었다.

그러나 지난 수년 동안 많이 올랐던 아파트는 전세가 비율이 낮은 재건축 아파트였다. 그리고 재건축 아파트가 아니더라도 재건축이 요원한 강남의 중층 아파트나 목동 등지의 대단위 아파트 단지가 많이 올랐다. 분당의 아파트 역시 10년이 넘어가는데도 불구하고 2003년 말에 큰 폭으로 상승했다는 점은 시사하는 바가 크다.

일반적으로 전세가가 높은 아파트는 새로 입주한 아파트다. 아니면 전혀 오를 가망성이 없는 비인기 지역의 아파트이거나 나 홀로 아파트인 경우가 많다.

처음에 예를 들었듯 매매가 1억 원인 아파트를 전세 끼고 사는 경우, 전세가가 높은 경우에는 전세가가 낮은 아파트를 쌀 돈으로 2채를 살 수 있다.

예를 들면 전세비가 3천만 원이고 매매가가 1억 원인 아파트(매매가 대비 전세가 비율이 30%)를 A라고 하고, 전세가가 6천만 원이고 매매가가 1억 원인 아파트(매매가 대비 전세가 비율이 60%인 아파트)를 B라고 하자.

일반적인 이론에 의하면 B아파트가 전세 비율이 높으니 전세가가 매매가를 밀어 올린다는 속설에 의해 더 상승할 것이라고 생각하기 쉽다. 그러나 A아파트가 더 상승했다.

2년 후 이 아파트가 둘 다 1억 3천만 원이 됐다면 실입주자 측면에서는 투자 원금 1억 원 대비 투자수익률이 30%이다. 반면에 A아파트를 전세 끼고 산 경우 투자 수익률은 42. 86%이고 B아파트의 경우는 투자금 대비 수익률이 75%이다.

그렇지만 현실적으로 위의 예처럼 일어나는 경우는 드물다. A가 B보다 더 많이 오를 수밖에 없다. 그 이유는 전세를 끼고 살 경우 투자 금액이 A가 B에 비해 2배나 차이 나기 때문이다.

투자 금액이 많은 만큼 투자에 대한 기대 수익이 비례해 높을 수밖에 없다. 전세가가 낮은 A아파트(그래서 전세를 끼고 살 경우 투자비가 많이 필요한 아파트)가 많이 오르는 것이 너무나 당연하다.

사람들의 기대 심리 역시 마찬가지다. 어차피 높은 전세비를 안고 적은 돈으로 투자한 사람보다 많은 돈으로 전세비가 낮은 상태에서 아파트를 사는 사람이 그 차이만큼 투자 수익이 많은 것은 불보듯 뻔하다(물론 항상 진리는 아니다).

전세가가 높아지는 것은 분명 아파트 매매 가격의 상승 요인은 될 수 있으나 매매 가격을 한 단계 끌어올리는 데는 한계가 있다. 재건축 아파트에서 볼 수 있듯이 미래가치나 혹은 다른 여러 가지

요인에 의해 아파트의 매매 가격은 상승한다. 그리고 이미 전세가와 매매가의 차이가 크게 벌어진 경우는 그만큼 소유를 통한 가치를 사람들이 중요하게 생각하기 때문이다.

물론 용인 등지의 대형 평수들은 신축 아파트인데도 불구하고 전세가가 낮다. 낮은 전세가는 분명 매매가를 상승시키지 못할 것이다. 그리고 가격 차가 큰 이유는 신축한 넓은 아파트이기 때문이라는 점에 주목할 필요가 있다.

따라서 이번 부동산뱅크의 조사는 서울만을 대상으로 한 것이라 용인 등지의 수도권 택지개발지구에 적용시킬 수는 없다. 그러나 결국 가치 있는 아파트가 더 오른다는 것, 혹은 저평가된 아파트가 더 오른다는 사실(이미 올랐기 때문에 과거에 저평가됐을 것이라고 이야기하는 것인지는 몰라도)은 분명하다.

2004년 들어서 재건축 아파트 가격이 많이 하락한 가운데 광진구의 매매가 상승률이 한 주간 제일 높았다는 보도가 있었다. 광진구에는 재건축 대상 아파트가 없다. 현재가치가 미래가치보다 돋보이는 지역이다. 이런 보도 때문에 새 아파트에 눈을 돌리라고 이야기한다. 심지어는 주상복합 아파트가 가격을 선도한다고 말하는 사람들도 있다. 주상복합 아파트 역시 매매가 대비 전세가가 높다(물론 타워팰리스처럼 예외가 있지만 이것을 모든 주상복합 아파트에 적용하기는 무리다).

그러나 아파트를 고를 때는 여러 가지 요소를 고려해야 한다. 강남과 목동을 비교하지 않더라도 광진구, 성동구, 마포구의 아파트들이 새 아파트 입주 시점에 분당보다도 비쌌다는 것을 기억하는 사람은 거의 없다. 그런 점에서 새 아파트를 좇는다는 것이 얼마나 부질없는 일인지 이해할 수 있다.

시세차익과 임대 수익의 상관관계

임대 수익과 시세차익은 부동산 투자의 2대 요소다. IMF 이후 떨어지기만 한 금리 때문에 2, 3년 전부터 많은 부동산 전문가들은 자본 이득보다는 임대 수익을 올릴 수 있는 소형 아파트나 소형 오피스텔로 투자 패턴을 바꾸라고 충고했다.

이 충고대로 소형 아파트에 투자한 사람들은 지역에 관계없이 임대 수익과 함께 큰 시세차익을 얻었다. 그러나 분석해보면 임대 수익은 연 10%밖에 못 얻었는데 시세차익은 그 10배를 얻은 경우가 허다했다.

그러나 임대 수익만을 보고 소형 오피스텔을 매입한 사람들은 소형 아파트보다 임대 수익을 조금 더 얻었을지 몰라도 시세차익을 얻지는 못했다. 아파트를 매입한 사람들보다 상대적으로 엄청난 박탈감을 맛보았다.

A씨는 1998년 봄에 목동 아파트 8단지 27평을 1억 3천만 원에 매입했다. 그리고 2001년 봄에 6천만 원의 시세차익을 보고 1억 9천만 원에 팔아버렸다. 그리고 당시 전문가들의 권유(임대 수익을 얻을 수 있는 소형 아파트나 오피스텔에 투자하라는)에 따라 산본의 17평 아파트를 6천 500만 원에, 그리고 나머지 돈으로 강남의 소형 오피스텔을 구입했다. 이제는 자본 이득 시대가 갔으니 두 군데서 받는 임대 수익을 내심 바랐던 것이다. 그리고 1년 전에는 산본의 아파트 역시 1천만 원이 올랐다고 팔아버렸다. 지금 그가 가진 재산이라고는 흐트러진 현금과 아직 임차인을 못 구한 오피스텔 1채가 전부다.

만일 그가 27평 아파트를 그대로 갖고 있었더라면 현재 시세는 3억 3천만 원이다. 그가 판 2년 전 시점보다도 무려 1억 4천만 원이 더 올랐다.

2년 전에 27평의 소형 아파트를 팔아 더 작은 아파트와 오피스텔을 두 채 만든 결과는 이렇듯 예상치 못한 결과를 낳았다. 실패의 원인은 어디에 있을까. 산본과 목동의 입지 분석에 대한 판단 미스와 오피스텔 투자의 위험성을 간과한 데 있다고 할 수 있다.

그러나 지금은 또 상황이 다르다. 지난 2년 간의 급격한 상승에 따른 자본 이득으로 너무 큰 시세차익을 기대하기는 힘들다. 이러한 부동산 조정기에는 오히려 잘못 투자할 경우 임대 수익은커녕 자본 손실로까지 이어질 수 있다.

정부가 재건축 아파트들을 잡으면 현재 가치있는 광진구, 성동구, 용산구 등지의 아파트 가격은 상승하고 정부가 재건축에 대한 제재를 완화하기 시작하면 새 아파트들은 관심 밖이 된다. 그러므로 정부의 부동산 대책을 예상하고 사고자 하는 아파트의 특성을 파악한 후 가격이 잠잠할 때 사는 요령을 포착해야 한다.

학군, 아파트 값의 영원한 바로미터

1970년대 초·중학생일 때, 공무원 아파트에 살던 친구 집에 놀러 가곤 했다. 그때 친구는 동부이촌동에서 종로구의 청운중학교까지 통학을 했다. 사실 이촌동에서만 통학자가 있었던 것은 아니다. 멀리 안양에서 103번을 타고 서울로 통학하는 친구들도 있었다. 나의 부모님은 물론 한 술 더 떴다. '자식은 낳아 서울로 보내라'는 옛말에 충실하고자 초등학교 때부터 집에서 멀리 떨어진 서울의 초등학교에 입학시켰다.

나의 큰누님은 1953년 생이다. 누님은 초등학교 때 이미 금산에서 대전으로 전학을 갔다. 대전으로 이사하면서 당시 학군이 좋다는 대흥동 대흥초등학교에 전학시키기 위해 일부러 주소를 외삼촌 집으로 옮겼다고 한다. 그리고 중학 진학은 서울의 명문여중에 당당히 합격했다.

내가 초등학교 시절 부모님이 청와대 근방에 터를 잡은 것도 누나가 합격한 중학교 때문이었다. 그때는 강남이 개발되기 전이라 종로구의 학교들이 현재의 8학군과 같은 명성을 가지고 있었다. 명문 공립 초등학교부터 경기고, 서울고, 경복고, 경기여고, 이화여고, 숙명여고로 대변되는 명문들이 모두 한군데에 있었다. 그러다 보니 지방 도시나 군 단위에서조차 서울로 유학을 보낼 때 터를 잡는 곳이 효자동 근처였다.

대학에 들어와서는 지방에 사는 친구들 중에 이촌동이나 여의도에 집이 있는 친구들이 많아 새삼 놀랐다. 자식들을 서울에서 교육시키기 위해 지방의 유지들이나 재력가들이 집을 한 채씩 사놓았던 것이다.

최근 학원가가 뜨는 바람에 강남 중에서도 강남으로 부상한 곳이 대치동이다. 이러한 러시 행렬이 지난 30년 간 서울과 지방의 주택 가격 격차를 심화시킨 한 요인임을 부인할 순 없다. 30년이 지났어도 여전히 서울 러시 행렬은 늘면 늘었지 줄어들지를 않는다.

부산대에서 러시아어를 가르치는 대학 동기가 있다. 그는 1980년 대만 해도 부산대를 비롯한 지방 국립대가 서울의 명문 사립대와 큰 격차(여러 가지를 내포함)가 없었는데 최근 들어 점점 더 격차가 벌어진다며 걱정한다.

과연 우리는 언제 일본처럼 지방대를 나온 학부 출신이 노벨상을
받게 될 날이 올까?

한강을 알아야 서울 부동산이 보인다

서울의 경우 평균 아파트 가격이 평당 1천만 원을 넘었다. 강남구를 위시해서 서초, 송파, 강동 지역이 먼저 1천만 원을 넘었으며 용산, 양천, 광진, 중구 등이 뒤를 이었다. 이들 중 중구를 제외하면 모든 구들이 한강을 에워싸고 있다는 점이 큰 특징이다. 갈수록 한강 조망권이 인기를 끌고 있다니 당연한 결과이다.

단순한 조망권 외에 더 중요한 것은 교통의 편리성이다. 1980년대 이후 서울의 도심은 과거 세종로 중심의 한 축에서 강남이라는 또 하나의 핵을 형성했다. 따라서 양 축의 이동로가 중요한 역할을 한다. 한강 다리 근처에 있으면서 남북으로의 접근이 용이한 곳이 주거 지역 선호도에 영향을 끼쳤다고 할 수 있다.

한편 한강과 먼 강북의 여러 구들은 이미 노후화한 기존 주택으로 슬럼화돼가고 있다. 그리고 재개발한 대단지 아파트의 경우 높은 용적률로 주거환경을 악화시켰다. 남북 축을 연결하는 데 부족한 교통망 때문에 북한산과 인왕산의 수려한 산 조망권이 제대로 대접받지 못했다.

그런데 중구가 평당 1천만 원이 넘는 구에 포함돼 있다는 것이 이채롭다. 원래 아파트가 없던 지역인데 지난 수년간 새로 입주한 대단지 아파트가 그 이유다.

중구란 의미는 서울의 중심이라는 뜻이다. 이름 그대로 서울 어느 곳이든 1시간 내 다다를 수 있다. 이 중구를 대표하는 남산타운은 한강과 남산 조망(일부이지만)을 동시에 갖춘 곳이다.

그러면 향후 차세대 주자는 어느 지역이 될 것인가?

우선 한강 조망권 확보 지역이 될 것이다. 성동구, 마포구, 동작구, 강서구가 그 주인공들이다. 이들 구 모두 한강 조망권뿐만 아니라 지하철 9호선과 상암 및 마곡지구나 뚝섬 서울의 숲 개발 같은 재료를 안고 있다.

강북의 뉴타운 지역이 성공으로 끝난다면 서울의 지역 판도에 영향을 끼칠 수 있다. 그러나 아직까지는 한강 이남에 대한 수요를 고려해야 오르는 아파트를 볼 수 있는 안목이 길러진다.

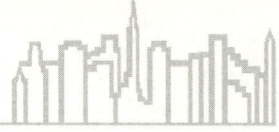

이촌동 분양가의 진실

2003년 봄에 이촌동의 모 아파트 재건축조합이 시공사에게 아파트 분양가 평당 2천 500만 원을 요구했다고 해서 화제가 됐다. 조합원들이 일반분양가를 높게 책정해 부담금을 줄이고자 하는 바는 이해가 가나, 극단적인 이기주의의 한 단면을 보는 것 같아 씁쓸했다.

그런데 그 지역의 아파트 시세를 생각해보면 조합원들이 무리한 요구를 한 것도 아니라는 데 문제의 심각성이 있다. 재건축 하기 전 시세로 27평이 8~9억 원이니 평당 시세가 2천 500만 원이며 옆에 새로 입주하는 LG자이의 27평 최고 시세는 평당 2천만 원이 넘기 때문이다.

더 살펴보면 LG자이가 2000년 6월 분양할 당시에 93, 94평의 평당 분양가는 2천 600만 원에 달해 최고 24억 5천만 원에 분양이 됐다. 그런데 부동산 사이트 시세를 보니 현재 32억 원이 넘는다. 평당 3천 500만 원이다.

이 재건축조합이 평당 2천 500만 원을 요구하는 것이 무리인지 아닌지는 각자 판단하기 바란다. 대형 평수의 경우 옆 아파트보다 단지가 크고 시설도 최신으로 지어질 터이니 주변 시세에 비해 무려 1천만 원이나 싸게(?) 분양을 하겠다는 것이 그들의 주장이다.

한편 2003년에 광명시에서 평당 1천만 원에 아파트를 분양한 모 건설사가 소비자들로부터 호되게 혼난 적이 있다. 주변 시세가 평당 700만 원인데 경부고속전철 역사가 들어선다는 미래가치를 분양가에 반영해버려서다.

재미있는 사실은 이 터무니없는 분양가가 주변 시세를 끌어올렸다는 것이다. 분양에 성공하지 못했으므로 다시 주변 아파트 시세가 내려갔는지는 모르겠으나 이 분양가를 놓고 부근 아파트 주민들이 인터넷에서 벌인 논쟁도 재미있었다. 주변 아파트 사람들은 당연히 기존 아파트 값을 끌어올린다고 좋아했고, 전세를 살며 오늘내일 내집마련 계획을 가진 사람들은 1천만 원인 평당 분양가에 허탈해했다.

다시 냉정히 적정 분양가를 생각해보자. 조합원들이나 시공사는 자선기관이 아니다. 그들이 평당 3천만 원에 분양하든 평당 4천만 원에 분양하든 현재와 같은 분양가 자율화 하에서는 분양만 된다면 비난할 도덕적 이유는 없다. 그러나 그 자율화의 폐해는 언젠가 누군가에게 돌아가게 된다.

아파트 평당가의 진실

서울 2003년 6차 동시분양 아파트들의 평당 분양가가 1천 183만 원에 달한다는 보도가 있었다. 이처럼 매달 보도되는 동시분양 아파트의 평당 분양가 폭등 소식은 아직 내집마련을 하지 못한 서민들에게 위협적이지 않을 수 없다.

그러나 동시분양 공고를 자세히 살펴보면 이러한 평당가 보도가 얼마나 진실을 왜곡하는지 알 수 있다. 비인기 지역에서 분양하는 일부 건설회사들이 미분양을 줄이기 위해(건설회사의 말을 그대로 믿으면) 분양가를 적정 가격으로 산정하는 경우도 없지 않다. 그것은 많은 건설회사들이 터무니없는 분양가로 평당 분양가를 올려놓은 탓이다.

며칠 후 발표된 청약 결과를 보니 분양가를 평당 1천 500만 원에서 2천만 원 이상으로 책정한 고급 아파트들 대부분이 미분양 됐다. 종로구에서 분양한 한 건설회사는 30여 가구 거의 모두가 미분양이 됐는데, 한 채 당 10억 원이 넘는 아파트를 강남도 아닌 곳에서 고가로 배짱 분양하는 것을 보면 과연 마케팅을 한 건지 묻고 싶다.

결국 분양도 안 되는 이런 고가의 미분양 아파트로 인해 평당 분양가가 왜곡돼 정보에 눈이 어두운 서민들의 마음만 울린다.

진실을 왜곡하는 다른 보도는 각 구별 아파트 평당가 비교이다. 최고 최저 아파트를 비교하는 내용과 함께 종종 신문에 실리곤 하는 구별 아파트 평당가는 지나친 미래가치가 내재돼 있는 경우가 많다. 강남의 노후화된 아파트로 인해 구별 가격이 왜곡돼 나타나는 것을 누구나 알 수 있다. 그리고 이런 왜곡된 평당가는 강남이 아닌 구에 사는 주민들에게 지나친 상대적 박탈감을 안겨주고 있다.

평당 5천만 원까지 하는 재건축 아파트가 몰려 있는 강남의 아파트들이 재건축을 마칠 시점을 생각해보자. 그때는 분명 2배로 늘어난 평형으로 인해 강남 아파트 평당가는 강북과 벌어진 격차를 줄일 수 있을 것이다.

그러나 일말의 불안이 남아있다. 강남의 새 아파트라는 이유로 평당 5천만 원까지 오는 사태가 올지도 모르니까 말이다.

강북은 강남의 대체재가 아니다

2003년 10.29 대책에도 불구하고 강북은 강남의 대체재가 아님이 증명됐다. 정부는 마침내 공인된 대한민국 아파트 투자 1번지 4곳을 선정해 발표했다. 발표에 들지 못한 서초구, 과천, 목동은 '투자 1번지'에 끼지 못한 것을 아쉬워하며 향후 집값의 향방에 촉각을 곤두세우고 있다.

그래도 서초구가 끼지 않은 것은 강북으로서는 위안이 된다. 분당 대신 용산이라도 끼었다면 강북의 자존심은 그나마 지켜졌을 텐데 아쉽기는 하다. 서울도 아닌 분당까지 낀 마당에 말이다.

2004년 초까지 신문을 장식했던 "강남을 잡으니 강북이 뜬다" 같은 선정적인 제목을 믿은 사람은 또 한 번 투자에 실패했다. 뉴타운이니 청계천 복원이니 서울시의 교통 개선 계획이니 하는 것들을 믿은 것이 화근이었다.

그동안 강북의 아파트를 산 사람들은 주택거래 신고지역으로 지정된 4곳을 쳐다보지 않은 것에 내심 아쉬워하고 있다. 비록 자신들이 산 곳도 나름대로 오르긴 했지만 5천만 원, 1억 원씩 순식간에 올라 대한민국의 투자 1번지에 선정된 강남, 강동, 송파 그리고 분당의 위풍당당함에 고개를 들 수가 없다.

그런데도 '주택거래 신고지역 확정'을 보도하는 한 신문의 기사는 더욱 울화통이 터지게 한다. 강남과 강북 두 장의 사진을 대비시켜 놓은 기사 제목은 "썰렁한 강남, 미어터지는 강북"이다. 썰렁한 대치동의 중개업소 사진과 종로의 주상복합 모델하우스에 몰려드는 인파 사진과 함께.

바로 2003년 10월 '이제는 강북시대'라는 말이 그럴 듯해 강동과 강북의 아파트를 저울질하다 강북의 아파트를 샀던 사람들이 있다.

그런데 언제부터 강동이 강남이 됐는지 모르겠다. 강남 사람의 눈에는 목동도 강북이고 여의도도 강북이다. 목동도 강동처럼 어엿이 강남으로 분류될 수 있고 여의도도 영등포구에 속하니 강남은 강남인데 말이다.

강북시대가 다시 온다고? 아직은 아니다. 설사 온다 해도 최소한 부자들은 두려워하지 않는다. 벌써 부자들은 아들 손자 앞으로 강북의 북한산 자락이나 공기 좋고 풍경 좋은 곳에 한 채 더 장만해놓았기 때문이다. 혹시라도 몰라서 싼 맛에 사놓은 것이다.

아무튼 지금 강북은 강남의 대체재가 아니다. 보완재일 뿐이다.

투기의 꽃(?) '알박기'를 아시나요

"뛰는 놈 위에 나는 놈 있다"라는 우리 속담을 매일 저녁 TV 뉴스를 볼 때나 아침 신문을 펴들 때마다 떠올리지 않을 수 없다. 연일 터져나오는 각종 사기사건을 접하노라면 과연 나 자신이 이러한 사기에 언제까지 무사할지 걱정이 된다.

2003년에 재개발 예정지 0.9평을 200만 원에 사서 1년 만에 원래 투자액보다 174배나 많은 3억 5천만 원에 팔아넘긴 사람이 부당이득을 취득했다는 이유로 구속이 됐다는 뉴스가 있었다. 여기서 '뛰는 놈'은 재건축 조합이나 시행사이며 '나는 놈'은 부당이득을 취한 사람일 것이다. 매년 발표하는 공지시가로 15년째 전국 최고 땅값을 자랑하는 명동2가의 우리은행 자리가 ㎡당 3천 600만 원(평당 1억

1천 900만 원)이라고 한다. 이 가격의 무려 세 배가 넘는 금액이다.

　재개발예정지구 안에 있는 땅을 개발 전에 미리 사두어 나중에 비싼 값에 되파는 소위 '알박기'라는 사기 수법이 비단 이번에 처음으로 적발된 것은 아니다. 그동안 개발이 진행되는 곳이면 어디든지 크고 작은 '알박기'로 폭리를 취하는 사람들이 있었다. 사업승인 신청과 분양을 위해 전체 사업예정부지에 대한 소유권을 100% 확보해야 한다는 점을 교묘히 이용하는 이 '알박기' 수법은 가장 고차원적인 부동산 투기의 전형이라고 할 수 있다.

　이렇게 비싸게 산 땅 위에 아파트를 지으니 분양가가 비쌀 수밖에 없다고 조합이나 시행사들이 항변할 법도 하다. "속내를 모르는 소비자 단체들이 분양가가 거품이라고 아우성친다"고 말이다. 게다가 날로 고급화돼 가는 내장재나 빌트인 가전제품들은 분양가를 매년 두 자리 숫자 이상으로 올리고 있다.
　정작 소비자들은 이러한 내막을 모르고 비싼 분양가에도 불구하고 청약 대열에 합류한다. 매년 수십 퍼센트로 분양가가 인상되니 하루 빨리 분양을 받는 것만이 재테크라고 생각할 수밖에 없다.

　최근 뒤늦게나마 이러한 폐해를 없애기 위해 건설교통부가 사업구역 내의 자투리땅을 사업구역 내의 다른 땅과 바꿔주는 제도를 강제적으로 시행하기로 했다. 이번 제도가 조금이나마 분양가 인하 요인으로 작용됐으면 하는 바람이다.

5장

제대로 된
아파트 선택법

주테크의 달인은 고위 공무원?

2003년 4월 22일자 「매일경제」는 부동산 정책을 만드는 정부 부처 국장급 이상 간부 21명 중 18명이 부동산 시장의 '빅 3'라고 불리는 서울 강남·서초·송파구에 거주한다고 보도했다. 나머지 3명도 옐로우칩으로 분류되는 광진구와 분당에 거주하는 것으로 나타났으니 소위 비인기 지역인 강북에 거주하는 고위 공무원은 없는 셈이다.

한편 2002년 8월 8일자 「동아일보」는 우리나라 대표적 건설회사 사장의 주테크 성적 기사를 실은 적이 있다. 당시 소개된 8명의 CEO 중 강남권 거주자는 4명이었으며 다른 4명은 각각 동작구와 강서구 그리고 분당과 기흥에 거주했다.

이 두 건의 기사에 근거해 간단한 통계를 내보면, 고위 공무원의 86%가 강남 거주자인데 비해 건설사 CEO들은 50%만이 강남권 거주자인 것으로 나타난다.

물론 이 표본만으로 고위 공무원들의 주테크가 우리나라 대표 건설사 CEO들보다 낮다고 생각하면 지나친 비약이다. 그러나 강남에 집이 있다는 사실 하나로도 편안한 여생이 보장될 수 있는 현실을 생각할 때 기업인들의 주테크 성적이 확실히 고위 공무원들보다 못하다는 것을 일면 엿볼 수 있어 흥미롭다. 과연 어느 쪽이 더 이윤 추구를 목적으로 하는 기업가인지 헷갈린다.

대부분의 CEO들은 사업하느라 정작 자신들의 주테크에는 그렇게 신경을 쓸 겨를이 없었다고 한다. 출퇴근이 편리한 회사 근처에 집을 얻는 것이 중요한 일이지 재테크 차원에서 집을 구했던 것은 아니라는 얘기다.

물론 CEO들은 주테크든 재테크든 크게 신경을 안 써도 생활에 지장이 없기 때문일지 모른다.

그러나 박봉에 시달리는 많은 공무원들과 평범한 샐러리맨들은 다르다. 주테크를 어떻게 하느냐에 따라 여생이 고달파질 수도, 또 편해질 수도 있다.

법은 만인에게 평등하지 않다

작금의 부동산 대책을 볼 때마다 이 말이 떠오르는 것
은 무슨 이유일까?

국정홍보처가 1999년 2월 국민 1천 명에게 '모든 사람이 법 앞에
평등하다'고 생각하느냐고 질문하였더니 '그렇다'는 응답이 29%,
'그렇지 않다'는 응답이 71%가 나왔다고 한다.

'유전무죄 무전유죄'라는 말이 어제오늘 회자된 게 아님에도 불
구하고 29%나 되는 사람들이 아직도 '법 앞에 만인이 평등하다'고
믿다니 '순진하지 못한 나'로서는 의아스러울 뿐이다.

강남 부동산을 잡기 위해 연일 세율을 올린다, 거래 허가제를 한
다는 등 부산을 떨었다. 불과 수년 전 부동산 경기를 살린다고 임대

사업자 등록 조건을 완화하고 전용면적 50평을 넘지 않는 신축 주택을 최초 분양받은 사람은 등기 신고 후 5년 안에 팔면 양도소득세를 100% 면제해준다고 했던 때가 어제 같은데 말이다. 수년 후를 못 내다본 정책으로 인해 한쪽에서는 거대한 불로소득을 얻은 반면 그 반대에 있는 사람들은 너무나도 많은 피해를 보았다.

영어에 루프홀(loophole)이란 말이 있다. 원뜻은 총구멍이지만 흔히 법의 허점을 이야기할 때 많이 인용한다. 법은 만인 앞에 평등하되 법의 허점을 누구나 알지는 못한다. 누구는 법의 허점을 잘 이용해 부자가 되기도 하고 누구는 피해자가 되기도 한다.

그러면 누가 법을 가장 잘 이용하는가? 법을 만드는 사람일 것이다. 강남의 집값을 정말로 내릴 생각이 있다면 정책 입안자들 먼저 집을 파는 솔선수범을 보여야 한다.

강남 집값이 20% 이상 떨어진다고 장담하면서도, 강북으로 이사했다는 공무원이 한 사람도 없는 것을 보면 그 대책의 실효에 의문이 갈 수밖에 없다.

결국 강남의 집값이 떨어지기를 바란다면 대책을 내놓은 사람들이 1가구 1주택이든 2주택이든 먼저 시장에 내놓아야 하지 않을까? 20% 이상 떨어진다고 장담하고 자기는 가지고 있으면서 남들에게 겁주는 꼴이란 한편의 코미디가 아닐 수 없다. 정 강남에 살아야 한다면 전세를 살 수도 있고, 또 팔고 나서 역거품이 끼어 있는 강북에 가서 살다가 다시 강남의 아파트가 저평가되었다고 판단될 때 다시 사면 된다.

아파트를 팔아 거액의 시세차익을 챙기면서 양도소득세를 거의 한 푼도 내지 않는 사람이 있다. 그 반면 수천만 원의 시세차익이 났다고 세금을 내야 한다면, 과연 법이 진정 만인에게 평등한 건지 묻고 싶다.

로또복권보다 당첨 확률이 10만 배나 높은 것

전에 '카드 빚을 얻어 아파트를 사는 나라'라는 제목으로 냉소적인 칼럼을 쓴 적이 있다. 내집마련을 위해 카드 빚까지 동원하는 세태가 한심스러웠기 때문이다. 물론 그 사람들을 비난하고 싶은 생각은 추호도 없었다. 그런데 요즘 돌아가는 세태를 보니 카드 빚을 얻어서라도 내집마련을 서두른 사람들을 오히려 존경하게 됐다.

내가 이런 생각을 한 것은 바로 얼마 전에 불었던 로또 열풍 때문이다. 신문 기사를 보니 카드 빚을 얻어 복권을 사는 것은 보통이고 온 나라가 '인생역전'이라는 달콤한 광고에 속아서 난리였다.

분명 2002년도만 하더라도 카드 빚을 얻어 집을 산 사람들은 서울이나 수도권의 웬만한 지역에서라면 로또복권 2등 당첨자 이상의 수익을 올렸다. 2등 당첨자 236명의 복권 당첨 금액이 4천 813만 400원인데 비해 지난 1~2년간 웬만한 지역의 아파트 값이 5천만 원 이상 올랐다. 즉 로또 복권 2등 이상 당첨보다 아파트 투자가 훨씬 더 수익률이 좋았다는 결론에 도달한다. 반면 아파트를 매도한 사람은 제로섬 이론에 근거하면 그만큼 손해를 보았다.

로또 열풍이 이제는 좀 수그러들었다. 그러나 아직 내집마련을 못한 평범한 월급쟁이들 중에는 로또 복권을 매주 사서 매월 수만 원씩을 허비하는 경우가 많은 모양이다. 하지만 생각을 다르게 할 필요가 있다. 그 돈으로 청약저축을 수년간 붓는 것이 로또 복권 2등 이상의 당첨 확률보다 높은 이익을 가져다주기 때문이다.

만일 당신이 수년간 매월 수만 원씩 붓는 청약저축에 가입해 50년 영구 임대나 10년 임대 아파트에 들어가서 살 수 있다고 생각해보자. 그 수준의 아파트를 전세나 월세 사는 것보다 매월 30~40만 원 절약할 수 있으며, 1년이면 500만 원을 버는 셈이고, 10년이면 단순 계산으로도 5천만 원을 버는 것과 같다.

청약저축은 로또 복권 2등의 당첨금과 같은 수익을 100%로 확실하게 안겨주는 복권 아닌 복권이다. 그렇지만 로또 복권에 2등이라도 당첨될 확률은 10만분의 1에 불과하다.

자, 그러면 어떻게 할 것인가. 판단은 여러분에게 맡기겠다.

집수리 복권을 만들면 어떨까

수년 전 인기를 끌었던 TV 프로그램 '러브하우스'가 중단됐다가 다시 방영되기 시작했다. 나는 매주 일요일 저녁마다 방송이 됐던 이 프로그램을 거의 한번도 빼놓지 않고 보았다. 진행자의 훌륭한 진행 솜씨, 인간미가 넘치는 건축가들, 러브하우스 주인공들의 가난하지만 따뜻한 삶. 그 속에서 내 자신을 다시 돌아볼 수 있었기 때문이다.

물론 러브하우스의 진짜 주인공은 '다 쓰러져가는 집 아닌 집'이다. 수십 년 동안 수리를 못했던 '볼품없는 집'이 훌륭한 건축가들에 의해 마치 동화 속에 나오는 집으로 변하는 과정은 그 어떤 마술보다도 감동을 주기에 충분했다.

그런데 중요한 건, 러브하우스에 등장하는 주인공들은 아무리 살림이 어려워도 조그만 집 한 채는 가지고 있었다는 사실이다. 그들에게 집 한 채는 고단한 삶의 버팀목이며 유일한 희망이었을 것이다. 강남의 아파트 값이 폭등한다거나 전세비가 오른다는 뉴스나 동시청약의 경쟁률이 수천 대 일에 달한다는 언론의 보도는 그들에게 강 건너 불구경과 같다.

이렇듯 비록 당장 수리를 못해서 누추할지라도 달동네의 허름한 주택은 부동산 투기 바람 앞에 초연할 수 있는 따뜻한 울타리이다.

"로또 복권에 당첨되면 가장 먼저 무엇을 할 것인가"라는 설문에 응답자의 80%가 집 장만을 원한다고 답했다고 한다.

'즐거운 나의 집'은 모든 사람에게 가장 큰 행복인가 보다. 그러면 차제에 로또 복권과 러브하우스를 섞은 '집수리 복권'을 발행하면 어떨까? 수백억 원을 서너 명에게 몰아주는 것보다 수천만 원이 드는 수리비용을 수백 명 혹은 수천 명에게 지원하는 것이다.

매주 수백 명 혹은 수천 명이 집수리 복권에 당첨된다면 1년이면 수십만 명이 집수리의 기쁨을 누리게 된다. 리모델링 산업은 활성화될 것이며 아파트 재건축 열풍은 리모델링 열풍에 눌려 잠잠해질지도 모른다.

그런데 과연 집수리 복권이 팔릴지……

아파트 지정 주차장을 만들자

나의 대학 동창 중 한 명이 하와이에 이민을 가서 살고 있다. 14년 전에 무일푼으로 이민 생활을 시작했지만 지금은 꽤 탄탄한 경제적 기반을 이룬 친구다.

친구 집은 와이키키 해변이 정면으로 펼쳐져 있고 바로 앞에 퍼 브릭 골프 코스가 있는 22층 아파트이다. 하와이의 많은 아파트들이 그렇듯 1층에는 바비큐를 할 수 있는 시설과 수영장이 있다. 방 세 개와 욕실 두 개가 있는 우리의 40평대 아파트 정도인 이 아파트의 가격은 현재 대략 47만 불이다. 지난 15년간 이 아파트의 최고가는 70만 불, 최하가는 35만 불 정도였다고 한다.

그러나 친구는 아파트를 계약할 때 3, 4만 불을 손해보았다고 한다. 원래 방이 3개인 경우 기본으로 주차장이 2개인데 그 사실을 잘 몰랐다. 전 주인이 주차장 1개를 따로 팔아버린 것을 모르고 계약한 것이다.

중개인에게 하는 클레임도 3년의 기간이 지나 할 수 없었고 결과적으로 주차장 한 개의 비용만큼 손해를 본 셈이다. 집을 살 당시에는 주변에 공간이 넉넉해 별 신경을 쓰지 않았는데 지금은 주차장을 사려고 해도 매물이 없어 살 수가 없다고 한다.

우리나라 아파트의 경우 전용 주차장이 없어서 위와 같은 일이 벌어지지는 않는다. 하지만 최근 입주한 타워팰리스와 같은 고급 주상복합 아파트의 경우 전용 주차장이 있다고 하니, 앞으로 우리나라에서도 이런 아파트를 거래할 때는 유의해야 할지도 모를 일이다.

이 에피소드를 꺼낸 이유가 있다. 과연 차량 1대의 아파트 주차장 가격은 어느 정도면 적당할까 하는 의문이 생겼기 때문이다. 물론 요즘은 지하 주차장 면적이 분양가에 포함돼 있기는 하다. 그러나 기존 아파트의 경우 따로 거래가 되지는 않는다.

아마도 아파트 단지에서 주차장만 따로 거래된다면 하와이의 사례에 비추어 집 시세의 10%에서 형성될 것이다. 집값이 5억 원이면 1개 주차장 가격이 5천만 원이라는 얘기다.

요즘 짓는 아파트부터라도 지정 주차장 제도가 있으면 여러모로 편리할 것 같다. 그런데 아직까지 도입하는 아파트가 없다. 반면에 골목길 공공도로에는 선을 그어 지정 주차장 제도를 실시하고 있으니, 앞뒤가 바뀐 것 같아 어리둥절할 뿐이다.

타워팰리스? 타워페니스?

타워팰리스가 1차 입주를 시작하자 한 여성 칼럼니스트가 모 일간지에 '타워팰리스? 타워페니스'라는 제목의 칼럼을 썼다. 그녀는 타워팰리스를 남성의 물건에 빗대면서 한국사회 남성권위주의의 상징이라고 비꼬았다.

어떤 이들은 그 칼럼에 대해 과대한 포르노적 환상을 평소에 갖지 않았다면 어떻게 그러한 연상이 가능하냐고 빈정대기도 했다. 나는 포르노적 환상이 부족했든지 아니면 팰리스(palace, 궁전)라는 영어 단어가 워낙 아파트 이름에 많이 차용되다 보니 무감각해져서인지 그 칼럼니스트의 상상력에 감탄하면서 칼럼을 재미있게 읽었다.

그런데 이 아파트와 남성의 권위주의와의 연결은 아무래도 부자연스럽다. 나는 타워팰리스라는 이름보다 더 많이 신문에 등장하는 초고층 호화 주상복합 아파트의 펜트하우스라는 말이 오히려 그에 가깝다는 생각을 한다. 비슷한 이름의 성인용 잡지를 떠올리게 되기 때문이다. 그리고 또 하나의 펜트하우스인 서민들의 옥탑방이 함께 연상되는 것도 나 혼자만 그런지 궁금하다.

지난번 대통령 선거에서 한 후보가 옥탑방이 무슨 뜻인 줄 몰라 화제가 됐다. 물론 많은 사람들한테 옥탑방이나 펜트하우스는 평생 한 번도 살 기회가 없는 극과 극의 주거 공간인지 모른다. 그리고 그 뜻을 몰랐다고 해서 대통령이 되지 말란 법도 없다. 그러나 진정한 정치가라면 한번쯤 서울의 서민 주택가를 쳐다보면서 옥탑 위에 불끈 솟은 기이한 형태의 방을 한번은 눈여겨봐야 하지 않았을까?

나는 십수 년 전 모교 근처에 사는 친구 집에 간 적이 있다. 학교 부근에는 단층 국민주택을 헐고 새로 신축한 다세대 주택들이 빼곡하게 들어차 있었다. 그리고 그 건물 옥상마다 하나씩 얹혀져 있는 기이한 형태의 구조물이 눈에 띄었다. 그후 이 구조물이 옥탑방이라는 이름으로 불린다는 것을 알게 됐다.

전 총리를 비롯해 유명 개그우먼인 모씨가 타워팰리스에 입주했다고 해서 한동안 언론에 오르내렸다. 분양 당시에는 수준에 걸맞는 입주자들의 커뮤니티를 형성하기 위해 일부 사회 지도층(이 말을 쓰기는 싫지만)들에게만 선별 분양을 한 것으로 알고 있다. 특혜 분양 시비가 일어나자 건설사는 그 당시에 아파트 미분양이 속출해 선별 분양이란 편법을 썼다고 항변했다.

사회 지도층들은 타워팰리스에만 관심을 가질 것이 아니라 서민들의 옥탑 팰리스에도 한번쯤 눈길을 돌려봐야 하지 않을까?

강남과 강북의 집값 격차

교육 문제가 집값 상승의 한 요인인 것은 비단 우리만의 이야기는 아니다. 뉴욕 생활을 했던 한 기자는 미국의 교육열역시 한국과 다르지 않다는 내용의 '학벌이 권력이다'라는 칼럼을써서 많은 사람들에게 공감을 불러일으킨 바 있다.

한 아파트 단지 내서도 다른 학교에 배치된다는 이유 때문에 가격이 억 단위로 차이가 난다고 한다. 서울시는 급기야 길음 뉴타운지역의 특목고 입학생 중 80% 이상을 강북 지역 학생에게 배정한다는 이상한(?) 계획을 발표하기도 했다. 서울시 교육감은 특목고 설립을 반대하고 있다. 한편 어느 국회의원은 지방에 서울대 분교를설립해 강남 집값을 잡자는 이상한 주장을 했다. 하지만 이것 역시근본적인 해결방법은 아니다.

양대 사학이라는 Y대와 K대 지방 캠퍼스가 서울의 다른 명문대보다 더 우수한 학생들을 받아들이지 못하는데 서울대 분교가 생긴다고 다르겠는가. 서울대 지방 캠퍼스가 서울의 서울대만큼 우수한 학생을 유인하지는 못할 것이다.

과외 망국병을 고치기 위해 1981년도에는 졸업정원제를 실시하기도 했지만 서울대를 비롯한 명문대 정원만 늘어났고 과외는 더 기승을 부렸다. 공급으로 풀 문제가 아니었다.

강남의 수요가 많으니 공급을 늘여야 한다고 주장하는 사람들이 있다. 용적률을 높여서 공급을 확대하고 개발 이익을 환수하면 강남 집값이 잡힐 것이라는 논리다.

일견 발상의 전환인 것 같기도 하다. 하지만 무턱대고 은마아파트 자리에 타워팰리스와 같은 주상복합 아파트를 짓는 것도 꼴불견이고 코미디가 될 것이다.

그러면 문제는 무엇인가? 정부가 강남의 집값을 잡으려는 데 더 큰 문제가 있는 것 같다. 강남의 집값에 거품이 있는지는 소비자가 판단할 몫이다. 정부가 인위적으로 규제하는 대책을 내놓으면 내놓을수록 가격은 왜곡된다. 초과 이익을 환수한다는 논리는 손해가 나면 손해본 만큼 돌려주어야 한다는 얘기도 된다.

강남 집값이 어느 연구 발표처럼 당장 40% 꺼진다고 해도 한국

경제에 주름이 가는 것은 아니다. 주거의 차별화는 필연적인 것이며 열악한 주거환경으로 강남의 집값이 꺼진다면 또 다른 지역이 부상하게 된다.

최근 한 인터넷 게시판에서 가상의 글을 읽었다. 2014년, 10년 후에는 노원구가 10년 전의 강남이 체계적으로 재건축을 하지 못한 것과는 달리 체계적인 재건축으로 서울에서 가장 각광받는 주거지역으로 태어난다는 이야기였다.

그러나 당장의 현실은 그렇지 않다. 강남의 공급을 늘려 이주하는 수요가 많아지면 강북 집값은 더 떨어진다. 강북의 상대적인 박탈감은 더 커지게 된다. 서울대 정원을 늘린다고 과외가 근절되지 않는 것과 마찬가지다.

주택보다 교통이 중요

드디어 고속철도가 개통됐다. 그러나 철도청은 기대만큼 탑승률이 늘지 않아 고민이라고 한다. 당초 예상했던 탑승률은 경부선은 80%, 호남선은 60%였다. 그런데 현재 경부선이 60%, 호남선이 36%다. 반면 기존 새마을호는 140%가 넘어서 초과 수요를 보이고 있다.

그러나 개선의 조짐은 없는 듯하다. 역이 너무 많기 때문이다. 추가 역을 더 만든다고 하니 더이상 고속철도가 아니다. 모두 다 만족시키려다 모두가 불만족스런 열차가 돼버렸다.

역 한 개 건설비가 1천 200억 원이고 또 3개 역의 증설로 인해 부산까지 30분 더 걸린다고 한다. 이렇게 비용과 시간을 계산해보면 오히려 경제적 손실이 커 보인다. 정치적 논리에 의한 결정, 혹은 소수의 주장을 수용하는 것은 20조나 들어간 국책 사업을 그르치는 일이다.

신도시와 서울을 연결하는 지하철 역시 아쉬움이 많다. 어차피 베드타운일 수밖에 없는 신도시를 자족도시로 만든다며 서울과의 교통 연계를 소홀히 한 결과 아무도 타지 않는 지하철이 됐다.

분당선이나 일산선의 경우 많은 사람들을 만족시키려고 꾸불꾸불하게 지하철(전철)을 만들어 승용차를 끌고 나온 것보다 더 많은 시간이 걸린다.

신도시에서 도심까지 30분 이내에 도착할 수 있도록 몇 개 역에만 정차를 시키는 급행을 만들든지 직선으로 만들었다면 현재와 같은 교통난은 많이 완화됐을지 모른다. 급행이 서지 않는 역은 저속열차 혹은 마을버스 등으로 연계시켰으면 됐을 것이다. 모두 다 만족시키려다 모두 다 불편하게 만드는 교통망이 돼버렸다.

완벽한 대책은 어차피 불가능할지 모르지만, 인구 3백만을 가진 브라질의 생태도시 꾸리찌바의 버스 위주 교통 시스템은 우리에게 많은 것을 시사해주고 있다.

일전에 가본 싱가포르의 경우도 도로 교통과 지하철 교통이 완벽하게 구현돼 도저히 체증이라고는 찾아볼 수 없었다. 인구가 350만 명인 도시에 차량이 겨우 40만대였다. 그런데 싱가포르보다 인구가 좀더 많고 적은 부산과 대구의 차량이 100만 대에 육박한다.

서울시에서는 2004년 7월부터 꾸리찌바의 시스템을 도입해 대대적인 교통망 정비에 나섰다. 그러나 지금 시행되는 것을 보면 아직 갈 길이 멀어 보인다. 부디 신도시나 뉴타운 건설을 할 때 주택 건설보다 교통 문제를 최우선으로 고려했으면 한다.

새 행정수도의 이름

지하철을 타면 가끔 내리는 역을 잘 몰라 우왕좌왕하는 사람들을 본다. 워낙 역 이름이 자주 바뀌니 오랜 만에 타는 사람이 아니더라도 혼동할 수밖에 없다. 이수역이 총신대역으로 휘경역이 외대역으로 바뀐 걸 모른다면 하루 종일 지하철 안에 갇혀 있어야 할지 모른다.

지하철 8호선 이름 중에도 바뀐 것들이 있다. 원래 개통 시에는 단대역과 남한산성역이었던 것이 각각 남한산성입구역과 산성역으로 변경 됐다.

영종도에 지은 인천국제공항 역시 이름을 짓는 데 꽤나 산고를 치렀다. 원래 영종도라는 지명으로 불리다가 막판에 인천이라는 이름을 달았다.

역 이름에 관한 최대의 역작(?)은 경부고속철도 역 중 천안아산역(현충사입구역)이다. 원래는 천안역이었는데 실제로 역사가 아산에 있으므로 아산역으로 하자는 아산시와의 절충 끝에 나온 역 이름이다.

역 이름 하나에 얼마나 많은 경제적 정신적인 이득이 돌아가는지잘 모르지만, 좀더 양보해 합리적인 이름을 찾아내지 못하고 지역이기주의로 가는 세태가 못내 아쉽다.

아파트 브랜드 역시 어느새 가격을 결정하는 요소로 자리 잡았다. 대형 건설회사들은 아파트, 주상복합, 혹은 오피스텔에 붙이는이름을 달리해 차별화를 꾀하기도 한다.

그래서 아파트 입주자들이 아파트 원래 브랜드명을 최상급으로고쳐달라는 일도 있었다. 이름만 바꾸면 더 좋아 보이고 비쌀 수 있다는 세태 역시 우리 시대의 일그러진 자화상이 아닐까?

세계 그 어느 나라의 아파트도 우리처럼 외래어로 범벅이 된 것을 본 적은 없다. 일전에 싱가포르의 아파트들을 보았다. 허름해 보여도 하나같이 깨끗이 도색을 한 것이 보기에 좋았다. 고급 아파트든 서민 아파트든 모두 도시의 전체적인 미관에 따라 깨끗이 관리하는 듯했다. 재건축을 빨리 추진하기 위해 우리처럼 일부러 수리를 안 하고 방치하는 것은 상상도 못할 일이다(하긴 그래서 싱가포르가 세계 최고의 경쟁력을 가진 나라라고 하지 않는가).

판교 분양만 기다리지 마라

아파트 매입 여부에 신중한 사람들이 많아졌다. 그 이유에는 여러 가지가 있다. 하지만 판교를 비롯한 신도시 분양이 곧 이어진다는 것을 빼놓을 수 없다. 특히 판교는 입지상 제2의 강남으로 불릴 만큼 강남 접근성이 좋아 누구나가 청약을 할 것으로 예상된다. 물론 현실적으로 누구나 판교에서 당첨받을 수는 없다. 수백 대 1의 경쟁률이기 때문이다. 성남 거주자의 경우는 서울 및 기타 수도권보다 30%를 우선 배정받으므로 유리하다고 하지만, 이것도 경쟁률이 수십 대 1은 된다.

판교 분양에서 떨어져도 다른 신도시에 분양받을 수는 있을 것이다. 그러나 입지상 판교와 비교하는 것은 아무래도 무리라고 할 수 있다.

분양받지 못한 경우 기존 시장을 두드릴 수밖에 없다. 그런데 나만 그런 생각을 가진 게 아니라는 것을 알 필요가 있다. 모두들 기존 시장에 눈을 돌리다 보면 가격이 오르기 시작했거나 급등한 상태라는 생각을 쉽게 할 수 있다.

불과 1%가 당첨이 되고 나머지 99%가 기존 시장에서 경쟁을 한다면 어떻게 되겠는가?

이런 생각을 하면 판교를 기다리는 게 얼마나 부질없는 일인지 알게 된다. 강남 분양을 받기 위해서 수십 차례 청약에 떨어진 사람도 있었다. 그동안 강남 집값이 폭등한 것은 좋은 예이다.

청약이 되면 좋지만 더 중요한 것은 기존 시장을 보는 냉철한 눈이다. 분양가가 비싸게 책정되는 주변의 기존 아파트나 분양권을 유심히 살펴라. 그리고 확인해라. 분명 더 오를 것 같은 단지들이 있다. 그러면 청약에 목매달지 말고 과감히 사는 것도 나쁘지 않다.

세계 여행이냐, 내집마련이냐

　서점에 가보니 대학생들의 배낭 여행은 이제 필수가 돼버렸고 젊은 부부들의 세계 여행은 바야흐로 선택의 문제가된 듯했다. 서점 한 코너를 장식한 용감한 부부들의 세계 여행기들을 보니 '내집마련'을 소리쳐 온 나로서는 머쓱한 느낌을 감출 수 없다. 바로 그 선택에서 그들은 전재산인 전세금 혹은 소형 아파트를세계 여행과 맞바꾸었기 때문이다. 적게는 수천만 원에서 많게는억 단위까지…….

　그들의 공통점은 "모든 재산을 털어서" 세계 여행을 감행한 데있다. 여유가 있어서 여행을 감행한 부부는 아무도 없었다. 나에게는 신선한 충격이었다. 세계 여행은 아무리 가난해도 꿈꾸는 사람들의 몫이다.

　그런데 그 꿈을 '내집'이라는 소중한 삶의 터전, 혹은 기초와 바꾼 다는 것은 심각하게 고려할 문제가 아닐 수 없다. 그래서 대부분의 사람들은 세계 여행을 한낱 '꿈'으로 치부하게 마련이다. 많은 사람들은 '내집마련'이라는 현실적인 혹은 물리적인 가치 때문에 '세계 여행'이 가져다줄 수 있는 정신적인 풍요함을 포기해버린다.

　분명 전세돈이든 집을 팔아서든 세계 여행을 떠나는 사람들은 물질적인 가치보다 정신적인 가치를 높이 평가하는 사람들이다. 그러나 그들은 아직까지 소수일 수밖에 없다. 자고 일어나면 수백만 원씩 오르는 집값 앞에서 이러한 결정을 한다는 것은 대단한 용기가 필요한 일이다. 주변의 이해를 구하기도 쉽지가 않다. 그러나 그들은 이렇게 항변한다. "전 세계가 다 '내집'이고 하늘 아래가 다 '내집'"이라고 말이다.

　나는 젊은 부부들이 하루 빨리 '내집마련'을 하는 데 다소나마 도움이 될까 싶어 글을 쓰고 책까지 냈다. 그러나 용감한 젊은 부부들 앞에서 '내집마련'의 절박함은 아무래도 설득력을 잃고 만다. 분명 그들은 지상의 내집마련은 미뤘지만 마음속에 더 큰 내집을 마련했다고 믿을 것이다. 내집마련이든 세계 여행이든 한 가지에 몰두할 수 있다는 것은 분명 가치 있는 일이 아니겠는가?

하루 빨리 집값이 안정돼 더 많은 사람들이 세계 여행을 미루지 않고도 내집마련을 하는 세상이 왔으면 좋겠다. 세계 여행을 통해 더 많은 사람들이 정신적으로 풍요로워지면 부동산 투기도 잡히지 않을까?

6장

아직도 **내집마련**을
고민하는 사람들에게
주는 **고언**

강남에 집을 사는 방법

"강남불패 신화는 갔다"라는 말이 들리기는 해도 투자 차원이 아니라 실거주 차원에서 여전히 강남은 많은 대기 수요를 가지고 있다. 강남 거품론을 믿는 사람들은 해당되지 않는 이야기지만 그래도 강남에 살고 싶은 사람들에게 강남에서 집을 싸게 사는 방법 4가지를 소개한다.

첫째 급락한 조정장을 이용해라

강남 부동산 시장의 특성은 과거 주식의 코스닥 시장과 같다(현재의 코스닥 시장의 움직임이 아니다). 재건축 아파트는 말할 것도 없고 대단지 아파트는 거의 같은 상승과 조정의 형태를 보인다. 비강남권의 완만한 상승과 대조적이다. 잠실 5단지 34평과 은마아파트 31평은 작년 10.29 대책 전 7억3천만 원까지 호가했는데 현재 5억 5천만 원까지 떨어졌다. 급락은 강남 진입의 가장 좋은 타이밍이다. 재건축 아파트는 신규 아파트가 상승하면 무조건 오를 수밖에 없다. 더 내리기를 기다리는 사람들이 있다면 슬슬 행동해야 하지 않을까?

둘째 전세 끼고 소외된 기존 아파트를 공략해라

워낙 재건축에만 관심을 갖다 보니 강남에서도 소외된 지역이 많다. 강남구의 대치, 도곡, 개포, 압구정을 빼고 대부분과 송파구의 잠실 지역을 빼고는 많은 지역이 사람들의 관심에서 벗어나 있다. 이 지역에 지은 지 10년이 넘은 중층 중고 아파트는 전세 끼고 매입할 수 있다. 이런 강남의 중고 아파트들이 비 강남권의 새 아파트들보다 싼 곳도 많다. 향후 강남의 불패 신화를 계속 믿는 사람은 지금 사도 후회 없을 것이다. 강남의 중고 아파트가 비 강남권의 새 아파트보다 비싸질 확률이 높기 때문이다.

셋째 강남의 재건축 대상 연립이나 빌라를 구입해라

빌라나 연립의 경우 아파트에 비해 대지지분의 가격이 싸다. 재건축추진이 된다면 가격이 급등한다. 방배동, 서초동, 청담동 지역의 경우 소규모 재건축이 활발한 지역이다. 그러나 이 경우에도 나홀로 아파트로 지어진다면 투자성에 문제가 있다. 큰 아파트 단지와 붙어 있어서 같은 이름으로 재건축이 된다든지 후광 효과를 볼 수 있는 지역이라면 금상첨화다.

넷째는 분양권을 사라

옛날처럼 분양권이 황금알을 낳는 시절은 지났다. 하지만 여전히 분양권은 기존 아파트에 비해 상승할 확률이 더 많다. 즉 현재 분양권 가격과 기존 아파트 가격이 같다면 새 아파트 입주 시에는 가격이 크게 차이가 난다. 등기에 따른 비용과 새 아파트의 마지막 프리미엄이 반영되기 때문이다.

자금에 여유가 많다면 조합원 분양권을 사면 되고 여유가 없다면 부동산이 조정을 보이며 중도금을 낼 타이밍을 노려야 한다. 중도금을 내지 못해 던져버리는 분양권들이 있기 때문이다.

지피지기면 백전백승이란 말이 있다. 강남 아파트의 특성은 분명 비강남권과는 다르며 제2의 강남이라고 하는 목동과도 다르다. 점진적으로 상승을 하는 실수요층이 두꺼운 광진구나 성동구 등지와도 다르다. 제2의 강남이라는 목동의 경우 강남만큼 롤러코스터 장세는 아니다. 그만큼 목동은 실 수요층이 시세를 이끈다고 할 수 있다.

강남의 지역적 특성을 연구하고 정부의 정책을 예측하면서 사람들의 심리를 읽는 노력이 병행될 때 강남이 가까워져 있을 것이다.

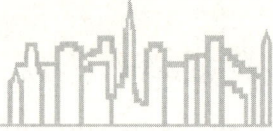

부자의 첫걸음은 누가 뭐래도 내집마련

각도기로 재는 한 각의 차이는 처음에는 없다. 같은 꼭지점에서 시작한다. 그러나 뻗어나가기 시작하면 그 차이는 벌어지기 시작한다. 그리고 결코 만나는 법이 없다. 처음에는 접근이 가능한 거리가 영원히 만날 수 없는 사이가 된다.

부자와 가난한 사람의 차이도 마찬가지다. 돈이 돈을 번다고 부자는 더 부자가 되기 쉽고 가난한 사람은 그 가난에서 헤어나기가 점점 더 어려워진다.

처음부터 부자인 사람은 없었다. 마이크로 소프트 사의 빌게이츠도 철강왕 카네기도 현대 그룹 창업자인 정주영도 처음에는 무일푼이었다.

혼란기에 부자가 탄생한다고 하나 이 역시 맞는 말은 아니다. 혼란기에는 부자가 되는 경우가 많은 만큼 가난해지는 사람도 많기 때문이다.

부자는 특정한 시대에만 가능한 것이 아니다. 부자는 어느 시대나 존재했다. 따라서 미래의 부자는 또 다른 모습으로 다가올 것이다.

철강왕 카네기나 빌게이츠 그리고 IT 신화의 부자들은 부자가 어느 시대나 가능하다는 것을 알려준다.

물론 이렇게 대단한 부자는 하늘이 내려준다고 한다. 노력만으로 되는 것은 아니다. 그러나 작은 부자는 노력하면 될 수 있다. 그리고 그 노력의 첫걸음은 종자돈을 모으는 일이다. 종자돈의 규모는 사람마다 처한 상황과 경험에 따라 다르다. 누구는 수백만 원이 종자돈일 수도 있겠지만 일반적인 이야기라고 할 수 없다. 수백만 원으로 주식 투자를 시작해 수십억 원을 만들었다는 이야기는 다른 사람의 이야기로 치부하자.

그러나 매월 10만 원씩을 차근차근 모아서 7년 만에 거의 2천만 원으로 불러서 재건축한 아파트를 산 사람이 있다. 이 아파트가 1년 만에 1억이 올랐다. 2년 만에 또 1억이 올랐다.

2천만 원의 종자돈은 처음 10만 원에서 출발했다. 처음 10만 원이 2억을 만든 것이다.

그리고 그 2억은 10억의 종자돈이 될 수 있다.

종자돈이 얼마나 중요한지 보여주는 실례가 아닐 수 없다. 강남의 십평대 아파트 역시 1998년에 3천만 원만 있으면 살 수 있었다. 분당의 경우 국민주택자금을 지원받아 지은 소형아파트는 기본 융자 1천2백이 끼어 있어 10평대는 1천만 원만 있어도 전세 끼고 매입이 가능했다. 이 역시 1천만 원을 투자했는데 1억이 올랐으니 2, 3년 만에 1000%의 수익률이다.

돈을 모으려는 자세가 중요하고 아껴 쓰는 자세가 중요하다. 한 푼 두 푼 아끼다 보면 큰 돈이 된다. 바로 이것이 종자돈이 되고 내집 마련이 되고 사업의 원천이 된다. 그리고 더 큰 부자의 원천이 된다.

흔히들 부자가 되려면 제일 먼저 종자돈을 모아야 한다고 말한다.

종자돈은 사람에 따라 다르다. 그야말로 누구는 1백만 원일 수도 있고 3천만 원일 수도 있다. 아무튼 부의 길로 가는 첫걸음이 종자돈인 것만은 의심할 여지가 없다. 투자를 할 수 있기 때문이다.

이미 잘 아는 얘기라 식상할 수 있다. 하지만 나 역시 수년 만에 수천만 원이 수십억 원으로 변하는 걸 보았다.

물론 확률적으로 너무 소수고 모두 그와 같이 되기를 꿈꾸지만 공부한다고 되는 일은 아니다. 그것은 물론 여러 번의 절묘한 타이밍이 연속된 결과이다. 남들이 모두 타이밍이 아니라고 할 때가 오히려 타이밍일 수도 있다. 주식이든 부동산이든 그 어느 투자 상품이건 말이다.

그런데도 재테크를 할 때 종자돈이 아닌 전 재산이나 혹은 일부를 까먹은 사람들이 또 주위에 많다. 참으로 안타깝기 그지없다. 억울한 일을 당해도 상대가 사업자 등록증이 없을 경우에는 법적으로도 대응하기가 쉽지 않다고 한다.

정말로 우리 사회는 눈앞에서 코 베어가도 모르는 사회다. 그냥 한 탕을 노리는 사기꾼들이 너무 많다. 그 와중에 멋모르고 뛰어드는 사람들이 사기를 당하는 구조다. 일확천금을 노리는 것도 아니고 그냥 하루 벌어서 하루 살아가는 사람들을 노리는 범죄가 넘쳐난다.

종자돈을 모았다면 내집을 먼저 장만하라. 많이 오르지 않더라도 사기당해 다 없어지는 것보다 낫다. 지금 떨어진 소형 아파트를 전세 끼고 사는 것도 한 방법이다. 돈을 가지고 있으면 부모 형제들도 빌려달라고 손 내민다. 딱한 처지를 안 도와줄 수도 없다. 그렇게 하다 보면 목돈이었던 종자돈이 푼돈이 되기 십상이다.

어떤 사람은 전세를 살면서 나머지 돈을 잘 투자하면 낫지 않느냐고 한다. 물론 일견은 맞는 말이나 앞서 이야기했듯 주변에서 당신이 돈을 가진 줄 알면 도와달라고 한다. 그렇지 않더라도 하루 다르게 급변하는 투자의 세계에서 자기의 본업을 가지고 투자금을 늘리는 것은 쉽지 않다.

종자돈 지키기가 모으기보다 힘들다는 것을 모을 때는 잘 모르는 법이다. 종자돈을 모으고 내집마련을 하고 융자금을 다 갚고 나면 그 이후는 느긋하게 투자할 수 있을까?

대출은 신중하게

융자 없이 내집을 마련할 수 있다면 좋겠지만 내집을 마련하는 데 융자는 필수다. 그러나 막상 융자를 받으려면 얼마를 받아야 하는지 고민할 수밖에 없다. 사실 융자를 얼마나 받아야 할지 고민하는 것보다 더 큰 것은 집을 사야 할지 말아야 할지에 대한 고민이다. 집값과 전세값이 하락한다는 보도가 연일 나오고 있고 자기자본만으로 집을 산다면 일시적인 집값의 등락에 일희일비하지 않을지 모르나 집값이 떨어진다면 그냥 계속 전세 사는 것이 낫다.

그러나 언제까지 전세를 전전할 수는 없다. 내집에서 산다는 것은 돈으로 환산할 수 없는 가치 이상이다. 이런 점에서 오히려 집값이 떨어진다는 보도가 나올 때마다 바로 그때가 내집마련의 기회라는 사고의 전환이 필요하다. 집값이 오른다면 너도 나도 달려들어 집값이 더 올라가지만 집값이 떨어진다면 아무도 거들떠보지 않아 더 좋은 조건에 집을 장만할 수 있다.

집을 사기로 마음먹었다면 어떤 주택 담보 대출이 자신의 현 입장에서 가장 유리한지 살펴보아야 한다.

현재 시중에 나와 있는 대출 상품을 크게 셋으로 분류하면 기존의 근로자·서민 주택구입자금대출, 시중 은행의 장기주택담보대출, 새로 출시된 모기지론 등을 들 수 있다. 세 가지 대출상품 중에서 가장 조건이 좋은 것은 근로자·서민 주택 구입 자금 대출이다. 조건이 까다롭기 때문에 누구나 받을 수 없다. 따라서 모기지론에 앞서 근로자 서민주택구입대출이 자신에게 해당하는 대출상품인지 먼저 파악할 필요가 있다. 그야말로 근로자 서민을 위한 대출이기 때문이다. 간단하게 말하면 이 대출은 상여금을 제한 연간소득이 3천만 원 이하인 무주택자가 전용면적 25.7평 이하의 주택을 구입하는 경우에만 해당이 된다.

위의 경우에 해당이 되지 않으면 모기지론을 고려해야 한다. 일단 모기지론은 상환 능력을 고려하므로 신용대출을 가미한 대출상품이라고 할 수 있다. 따라서 금리는 고정금리이긴 하지만 다소 비싼 편이다. 그러나 무주택자뿐 아니라 65세 이하 1가구1주택자도 대출을 받을 수 있으며 대상주택도 평수제한이 없고 대출 한도도 2억 원으로 근로자·서민 대출보다 1억 원 많다는 것은 장점이다. 다만 6억 원 이상 고가주택이나 재건축·재개발 예정인 주택을 구입할 때는 대출을 받을 수 없다. 또 모기지론은 집값의 70% 이내에서 최고 2억 원까지 대출받을 수 있지만, 매월 상환하는 대출 원리금이 월평균 소득의 3분의 1을 넘지 못하도록 돼 있어서 소득수준이 낮은 서민들의 실제 대출한도는 더욱 줄어들게 된다. 예컨대 1억5천만 원을 대출받기 위해서는 연간 소득이 4천만 원을 넘어야 한다.

모기지론은 대출기간이 10~20년이다. 평수 제한이 없는 등 상품 구조가 근로자·서민 주택구입자금대출보다 복잡하고 소득공제 요건도 까다롭다. 소득공제를 받기 위해서는 대출기간이 15년 이상이어야 하고, 전용면적 25.7평 이하의 1가구1주택 요건을 갖추어야 한다. 소득공제 한도는 연간 이자상환액에 대해 최고 1천만 원이다.

그러나 현재 집값이 많이 오른 상태이고 당분간 급격한 상승을 기대하기는 힘들다. 상환능력이 있더라도 대출한도를 모두 채워 집값의 70%를 받는다거나 2억 원을 다 채우는 것은 분명 현명한 방법은 아니다. 때문에 집값의 30% 내서 융자를 받는 것이 가장 바람직하다. 30%는 만에 하나 집값이 떨어진다는 가정 하에서도 리스크를 줄일 수 있는 선이다.

그러므로 자신만의 판단으로 집값이 오르지 않는 곳에 집을 사는 것은 피해야 한다. 미래를 정확히 예측하기는 힘들지만 자신이 좋아하는 곳과 오르는 아파트는 분명 다르다. 극단적으로 내집마련을 하는 곳이 오르지 않는 곳이라는 판단이 든다면 융자를 얻어 집을 산다는 것은 넌센스다. 이자만큼 주거 비용이 커지기 때문이다. 매년

부담하는 이자만큼 상승 여력이 있는 곳을 골라야 하는 것은 기본 중의 기본이다. 이제 강남이라고 다 오르는 것도 아니고 강북이라고 오르지 않는 것도 아니다. 지금 오르지 않아도 수년 후에는 폭등할 지역도 있다. 그러므로 부동산 시장을 항상 주시하고 저평가 된 곳, 미래가치가 있는 곳, 사람들이 지속적으로 관심을 갖는 곳을 찾는 혜안을 가져야 한다. 순간의 선택이 평생의 재테크를 좌우한다.

사기당하지 않고 부동산을 사려면

부동산 하면 연관되는 단어가 '부동산 사기'일 정도로 부동산 시장에는 많은 거짓 정보와 사기가 난무한다. "뛰는 놈 위에 나는 놈 있다"는 우리 속담처럼 한 건 해서 수억 수십 억을 버는 투기꾼에게는 부동산 사기꾼이 속된 말로 쥐약(?)이다. 어떤 투기꾼도 사기꾼의 덫에 걸리면 파멸하고 만다.

글쎄 투기를 사기라고는 할 수 없지만 고소당하지 않을 만큼의 사기를 동원해야 하는 점에서 투기는 사기의 또 다른 모습일지 모른다.

최근 가짜 서류를 믿고 아파트를 산 사람이 중개업자를 상대로 소송을 낸 사건에서 법원은 중개업자가 손해 금액의 60%을 물어주라는 판결을 내렸다. 그래도 40%의 손실은 본인이 질 수밖에 없다.

아무리 확인해도 전문적으로 사기를 치는 사람을 피하기는 어렵다. 그러나 지나친 욕심에 제대로 확인을 하지 않고 섣불리 계약을 한다면 확률이 극히 희박하다고 해도 그 피해는 자기 자신을 넘어 자손 대대로 이어질 수 있음을 상기하자.

부동산 거래에서 사기당하지 않는 방법 10가지를 정리해보았다.

1.상대방이 보여주는 등기부등본만을 믿지 마라

등기부등본은 본인이 직접 떼보아야 한다. 사본은 더욱 의미가 없으며 요즘은 www.scourt.go.kr에서 실시간으로 확인할 수 있다. 한편 등기부는 계약금 지급, 중도금 지급, 잔금 지급시마다 그 직전에 확인해야 한다. 계약금이나 중도금을 받고도 다시 이중으로 매도하는 수가 있다.

2.부동산 계약은 관공서가 쉬는 토요일 오후나 일요일 혹은 공휴일에는 하지 않는다

빨리 계약을 해야 한다고 달콤한 말에 속아넘어갈 수 있다. 계약서는 구체적이고 명백히 구분 작성해 다툼이 없도록 한다. 특약조건이 있으면 그 특약도 명확히 기재해야 하고, 동의할 수 없는 기재사항은 변경 또는 삭제토록 한다.

3. 복잡하게 여러 가지 담보물권, 가등기, 예고등기가 설정돼 있는 것을 가급적 피하라

단 시일 내에 권리자가 바뀌는 등 권리관계가 빈번하고 복잡한 것은 뭔가 문제가 있을 수 있다. 혹자는 권리관계가 복잡한 것이 하이 리스크 하이 리턴이라고 하지만 위험하다. 쳐다보지 않는 것이 상책이 아닐까?

4. 싼 매물을 조심하라

시가에 비해 터무니없이 매우 싸거나, 잔금 중도금을 빨리 치러야 한다고 권유하는 부동산 그리고 별 이해관계도 없는 사람들이 사라고 권유하는 부동산은 뭔가 있다.

5. 신문지상의 광고와 기사만을 믿고 계약하지 마라

원래 광고는 과장될 수밖에 없으며 기사 역시 그대로 믿다가는 큰 코 다친다. 부동산을 싸게 팔아주겠다면서 광고비 조로 돈을 부치라는 사기꾼의 전화에 속지 말자.

6. 토지대장, 임야대장, 건축물관리대장 등 공부를 확인하라

토지대장, 임야대장, 건축물관리대장 등 공부를 확인해 등기부와의 일치여부를 알아보고 일치하지 않을 때는 그 이유를 알아본 후 결정해야 한다. 도시계획여부, 개발제한구역 여부 등도 반드시 실

지 확인을 거쳐서 현장과 일치하는지 확인한다.

7. 매도인과 어울리지 않는 부동산을 조심하라

매도인의 나이, 사회적 지위, 직업 등이 대상 부동산과 맞지 않는 것도 일단은 의심하고 확인해야 한다. 한편 재산세 납세자가 소유자와 다른 경우에도 그 이유를 알아본다.

8. 토지를 사라는 전화에 대해 관심을 보이지 마라

이들은 흔히 큰 필지의 땅을 작게 나누어서 수배씩 부쳐서 파는 사람들이다. 수배가 남는 땅이라면 자기들이 사지 왜 전화를 해 권유하는가 ?

9. 매수 직전에 갑작스럽게 등기가 변경된 것을 의심하라

매수 직전에 비로소 소유권 보존등기가 되거나 기타 상속등기나 회복등기가 된 것은 전문 사기단일 수 있으니 일단 의심해야 한다.

10. 소송으로 확정판결을 받은 물건을 매수할 때도 조심하라

소송으로 확정판결을 받은 물건을 매수할 때도 패소판결 받은 사람을 찾아 사실여부를 확인하는 것이 좋다.

부동산 이것만은 알고 사자

부동산 공부를 하다 보면 비슷해서 헷갈리는 용어들이 너무 많다. 나 역시 집을 살 때 아무것도 모르고 집을 샀다. 그것이 계기가 돼 부동산에 눈을 뜨게 됐다. 가장 혼동하기 쉬운 용어 11가지를 뽑아보았다. 다음 중 8, 9가지만 구별해도 부동산 입문은 시작한 것이다.

1. 아파트와 아파텔

아파트는 주택건설촉진법에 근거해 건설하고 분양하는 공동주택을 말한다.

아파텔이란 보통 주상복합아파트에 함께 짓는 주거를 강화한 오피스텔이다. 즉 아파텔은 법적인 용어가 아니라 건설업체들이 분양을 하기 위해 만들어낸 신조어다.

2. 시행사와 시공사

분양을 받는다면 시공사와 시행사를 구별해야 한다. 시공사는 문자 그대로 시공을 하는 회사다. 시행사는 실제 개발을 하는 주체라고 할 수 있다. 이름은 대형 건설업체의 이름으로 분양해도 실제 책임을 지는 것은 시행사다. 요즘 추세는 대형건설회사들이 땅을 직접 매입해 분양하는 것이 아니라 시행사나 개발업체가 산 땅에 단순히 공사만 해준다. 따라서 이런 경우 서로 이익을 나눠야 하기 때문에 분양가가 비싸다.

3. 기준시가와 공지지가

기준시가는 국세청이 공동주택이나 건물의 양도세, 상속세 등을 과세하기 위해 고시하는 시가를 말한다.

공시지가는 과세를 위해 건설교통부가 전국에 있는 모든 토지에 대해 공시한 지가를 말한다. 점점 더 강화되는 과세로 세금에 관한 지식이 돈이 되는 세상이다.

4. 재건축과 재개발

재건축과 재개발은 엄연히 틀린 개념인데도 일반적으로 혼동하는 경우가 있다. 모두 다 기존의 건물을 부수고 새로 집을 짓는다는 것에서 공통점이 있으나 재건축은 노후불량주택을 소유한 사람들이 재건축에 일정 비율 이상 동의한 후 조합설립인가를 받아서 사업을 진행하는 방식이다.

반면 재개발은 관에서 재개발구역지정을 한 후에 관 주도로 사업을 진행한다

5. 청약저축과 청약예금

청약저축은 주택공사나 도시개발공사 등이 짓는 전용면적 25.7평 이하 아파트를 청약할 수 있는 무주택자만이 가입할 수 있는 저축이다.

청약예금은 민간업자들이 짓는 주택을 청약하기 위해 목돈을 한꺼번에 넣어두는 통장이다. 매월 붓는 청약 부금도 있다.

6. 전용면적과 공용면적

전용면적이란 배타적으로 사용할 수 있는 등기부상의 면적이다.

반면 공용면적은 복도나 계단 등 공동으로 사용하는 면적이다. 통상 공급면적이라 함은 둘을 합한 면적이며 분양가 산정의 기준이 된다. 서비스 면적인 발코니(베란다)는 전용이나 공용면적에 포함이 되지 않는다.

7. 용적률과 건폐율

건폐율이란 전체 대지면적에 대한 건물의 바닥 즉 1층 면적의 비율이다. 용적률이란 전체 대지면적에 대한 건물의 총면적(각 층 면적의 합계)이다. 즉 대지가 10평이고 이 대지에 총면적 20층(층당 5평)짜리 건축을 한다면 건폐율은 50% 용적률은 1000% 다.

8. 청약경쟁률과 계약률

보통 아파트의 인기는 청약률이 말해준다. 매달 동시분양의 청약률만 파악해도 사람들의 주택구입 심리를 파악할 수 있다.

그러나 수십 대 1 심지어 수백 대 1의 경쟁률을 보여도 계약률 100%로 연결이 안 될 수 있다. 또한 청약경쟁률은 신문에 발표가 나도 계약률은 발표가 나지 않는다. 물론 계약률이 낮다면 인기가 없다는 뜻이다.

9. 주택보유율과 자가거주율

주택보유율이란 전국의 총 주택수를 총가구수로 나눈 비율이다.

자가거주율이란 자기 집에서 사는 거주 비율을 뜻한다. 이 두 비율이 모두 100% 가 된다면 이상적인 사회주의 국가라고 할 것이다. 그러나 아쉽게도 두 채 세 채씩 가지고 있는 경우가 많아 자가거주율은 오히려 10년 전보다도 낮아졌다. 주택 보급율 100%를 달성했다는 게 결코 내집마련이 쉬워졌다는 뜻은 아니다.

10. 경매와 공매

법원이 실시하는 경매와는 달리 공매는 자산관리공사에서 매각하는 것으로 국세와 지방세 등의 체납으로 국가나 지방자치 단체가 압류한 세무 체납자의 재산을 매각한 것과 금융기관이 돈을 갚지 않은 채무자의 담보물건의 매각을 자산관리공사에 위임한 것이 있다. 공매는 경매와 달리 자산관리공사가 매각을 요청받은 부동산에 대해서 권리분석을 해주기 때문에 위험부담이 적다.

11. 다가구와 다세대

다세대와 다가구를 혼동하는 사람이 많다. 한 채의 건물 안에 똑같이 여러 집이 모여 살기 때문이다. 그러나 건축법상 다세대와 다가구는 다르다. 다세대는 공동주택의 한 형태이고 다가구주택은 등기부등본상 단독주택의 범주에 속한다. 즉 다세대 주택은 등기부등본상 여러 세대로 나누어서 등기돼 있어 소유주가 여러 명이다.

부동산 광고에 한 번 속아볼까 ?

미국의 초창기 광고인인 바넘(P.H.Banum)은 일찍이 "사람들은 기만당하기를 좋아한다"라고 말했다.

적당히 속거나 아예 현실을 잊고 싶은 사람들에게 '광고는 거의 다 사기'라고 말해봐야 귀담아들을 사람은 아무도 없다. 사람들이 돈을 벌기는커녕 돈을 갖다 버리는 이유는 바로 '기만당하는 즐거움'을 사기 때문 아닐까 ?

그러나 일시적으로 기만당하는 즐거움의 대가는 너무 크다.
우리 나라 부자의 80%는 부동산으로 돈을 벌었다고 한다. 또 한 설문 조사를 보면 요즘 같은 부동산 침체기에도 여전히 부동산이 그 어느 투자 상품보다도 관심의 중심에 있다고 하니 아직도 부동산 광고가 신문에 넘치는 것이 이해가 간다.

광고에 대해서는 문외한이지만 광고의 순기능과 역기능에 대해서는 대학의 교양과목시간에 배운 적이 있다. 광고 없이는 제품을 알릴 수가 없고 제품이 나와도 제대로 알려지지 않는 한 소비자가 구매할 수 없으니 광고의 순기능적 사회역할은 과소평가 할 수 없다. 그리고 똑똑한 광고는 전국민을 계도시키기도 한다.

○○제과의 쵸코파이 '정' 시리즈 광고가 전국민이 잠시나마 잊고 살았던 '정'을 일깨워준 것이나 '침대는 가구가 아니라 과학이다'라는 광고 카피가 사람들의 고정관념을 깨트리고 인식의 변화를 이끌어냈다는 것이 광고의 순기능 극대화 사례라고 할 수 있다.
잘 만든 광고 하나가 기업의 존폐를 가름한다는 점에서 광고는 그만큼 중요하다.

그러나 난 그 아직까지 그 많은 부동산 광고 중에서 순기능적인 역할을 충실히 했던 예를 떠올릴 수가 없다. 오히려 그 역기능의 폐해가 신문을 들출 때마다 느껴지는 것은 나만의 심정인지 모르겠다.

건설사의 훌륭한 마케팅에 넘어가 IMF의 불황 속에서도 투자성이 더 좋은 자신들의 아파트를 사거나 늘리지는 못하고 수도권의 대형 아파트를 분양받은 강남 사람들, 수천만 원만 투자하면 매월 수십만 원(은행 이자의 10배)씩 벌 수 있다는 오피스텔이나 상가 분양 광고에 속아서 퇴직금이나 전재산을 날린 사람들, 아파트 조감도에는 나타나지 않았던 위해 시설 때문에 투자 손실을 감내해야 하는 사람들, 온갖 현란한 문구로 치장된 오피스텔 광고를 아파트인 줄 알고 분양받은 사람들이 과장 광고의 피해자들이라면 억측일까?

뒤늦게 당국에서도 허위 과장 광고를 규제한다고 나섰지만 이러한 당국의 조치가 말에만 그칠지는 두고볼 일이다. 무엇보다 그 진실 여부를 파악하는 시각을 기르는 것이 더욱 중요하다 할 수 있다.

날로 오르는 아파트 값에 이제는 내집마련의 희망을 포기한 사람들이 이민을 꿈꾼다고 한다. 그러나 아이러니컬하게도 내 주위에 이민을 간 사람들은 지난 수 년 동안 주식이나 부동산으로 부를 일군 사람들이다.

이민도 쉽지 않아 절망하던 많은 사람들 앞에 올 봄 시티파크에 이어 한 수도권의 대규모 주상복합과 오피스텔 타운을 분양하는 건설회사는 참신한(?) 광고 카피를 선보였다.

"이젠 이민 가지 마세요"라고 호소하는 광고 카피는 앞서 분양한 시티 파크의 광적인 청약 열기에 고무된 사람들을 다시 한번 청약의 긴 줄에 서게 했다.

이민 갈 필요가 없을 만큼 좋은 아파트에(실은 대부분이 아파텔이라고 불리는 오피스텔의 분양이었지만) 살라는, 과장이 너무나 심한 줄은 알면서도 나 역시 잠시나마 진심으로 한 번은 속고 싶었다.

사이버 고수들은 이런 지역을 권한다

나 역시 인터넷을 통해 처음 글을 쓰게 됐지만 사이버 상에서 활동하는 부동산 고수들이 많다. 그들은 날카로운 현장 감각이 있기 때문에 두루뭉실하게 이야기하는 전문가보다 훨씬 더 설득력이 있다. 물론 설득력이 있다고 다 옳은 것은 아니지만 어쨌든 동물적으로 돈 감각을 느끼는 그들에게 분명 배울 점은 많다.

내가 전문가들의 이야기를 불신한 것은 바로 IMF 이후 "재테크 하려면 절대로 집을 사지 말라"고 한 전문가의 책을 접하고 부터다. 그 책은 '절대로'라는 조사만 뺐으면 나름대로 훌륭한 책이라고 할 수 있다. 사실 장기적으로도 인플레이션을 헷지할 수 있을 정도의 상승률을 보이기는 쉽지 않다. 결국 건축물이 감가상각이 되므로 지가가 오르지 않는 이상 당연한 것일지도 모른다.

그러나 차별화의 트렌드를 예상 못한 그 분석은 마치 장님이 코끼리를 더듬거리면 형상에 대해서 자신이 만진 부위로만 설명을 할 수밖에 없는 우회와 다를 바가 없다.

기자들 역시 분양이나 새로 입주한 기사만 쓰기 때문에 아무래도 새로 입주한 아파트 기사가 신문에 넘쳐나게 되고 사람들은 그 아파트가 좋은(오르는) 아파트인 줄 알고 착각하기 시작한다. 바로 5, 6년 전 기사에 많이 언급된 아파트는 마포에 재개발한 래미안 브랜드나 성동구의 아파트들이었다.

가까운 친구 중의 한 명은 내집마련을 위해 이미 1980년도 말에 한 부동산 정보회사의 회원으로 가입했다. 그 당시에 항상 추천받은 아파트는 미아리 인근의 재개발 아파트 단지들이었다. 이 아파트들의 시세는 현재 그 뛰어난 주변 산 조망권에도 불구하고 서울에서 가장 싸다. 당시 강남의 재건축 아파트를 사라는 조언은 한 번도 없었다고 한다.

그럼 요즘 인터넷에서 활동하는 사이버 고수들이 추천하는 지역은 어디일까?

우선 한강변 아파트다. 이는 시간이 갈수록 그 희소성과 강북 개발에 따른 강남북의 교통 요지에 위치하기 때문일 것이다. 특히 압구정동이 다시 한번 예전의 명성을 되찾을지도 모른다는 전망 등은 충분히 귀담아들어도 된다. 동부이촌동을 위시한 용산이나 뚝섬 서울의 숲은 분명 호재이나 이 역시 서울의 중심인 한강변의 한 축으로 이해해야 한다. 잠실 역시 강남의 바통을 이어서 명실상부한 강남의 중심이 될 것이라는 말이 있다. 그만큼 한강은 서울에 집을 장만하려는 사람들에게 학군과 함께 고려해야 할 두 개의 큰 바로미터라고 할 수 있다.

강동과 강남을 연결하는 9호선의 연장선상에 있는 강서지역 역시 주목을 받을 수밖에 없다. 상암동의 개발 계획이나 마곡지역 개발 등은 일개 뉴타운과는 비교할 수 없는 큰 호재이다. 서해안 시대를 맞아 강서권의 부상이 점쳐지고 있다. 강동이 비교적 그린벨트가 많아 개발에 제한이 있는 반면 강서지역은 예전의 강남처럼 아직 그려지지 않은 도화지라고 할 수 있다. 그리고 목동의 가치는 향후에도 계속될 것이라는 게 일반적인 의견이다.

강남의 개포나 송파의 잠실 그리고 강동과 서초의 재건축 아파트는 영원한 화두일 수밖에 없다. 강동권의 둔촌 주공이나 고덕 주공남으로는 과천 서초의 반포 주공은 다시 한번 그동안 억눌렸던 에너지를 뿜을 게 분명하다. 결국 재건축 아파트 규제는 신규 아파트의 가격상승으로 이어지고 그 가격상승은 결국 언젠가는 새 아파트를 가져다주는 재건축 아파트의 상승으로 연결될 것이다. 이미 미래가치 분은 많이 하락했다. 이제는 적어도 현재가치로 재건축의 메리트가 살아나고 있다.

올해도 집값이 떨어지지 않았다는 뉴스는 대부분 신규 아파트거나 광진구, 성동구, 용산구 등지의 아파트 들이다. 심지어는 서울 아파트는 하락하는 데 지방 아파트는 오른다는 보도도 있었다. 바로 이때가 그동안 급락했던 아파트를 사라는 신호라고 생각해도 된다. 재건축 아파트들은 이미 1~2억까지 하락했고 기존 강남이나 송파의 블루칩 아파트들도 1억 이상씩 하락했다. 따라서 조만간 다시 한번 부상할 날이 올 것이다.

그러나 얼치기 고수들도 많다. 그 어느 조언도 100%라고 말하는 것은 위험하다. 물론 그렇게 이야기한다고 해도 받아들이지 않으면 되지만 의외로 익명성이 보장되는 인테넷에서는 허위 사실이 너무 많이 유포돼 잘못된 조언을 그대로 믿고 따르는 순진한 사람들이 많다. 물론 결국 자신이 책임질 일이지만 사이버 고수와 하수을 구별하는 것만 알아도 부동산 재테크는 반은 성공했다고 할 수 있지 않을까?

'강남불패'를 아직도 들먹인다면 시대착오적인 것일까? 그러나 분명한 사실은 예전의 종로구나 여의도처럼 인기 지역이 이동을 한다는 것이다. 이 점에서 대치동이나 도곡동의 겨우 그 정점이 지났다고 생각해도 무리는 아닌 듯하다.

그러나 미래를 누가 알겠는가? 판단에 자신이 없을 때는 가급적 많은 사람들의 다양한 의견을 들어봐야 한다. 부동산 사이트의 인터넷 게시판에는 너무나 많은 정보들이 넘쳐나고 있다. 미처 본인이 몰라서 중요한 정보를 놓치거나 판단을 내리기가 쉽지 않다. 이런 때 일부 검증된 사이버 고수들은 분명 당신에게 도움을 줄 것이다.

부동산 컨설팅에 관한 변명

부동산을 사야 하는지 말아야 하는지 문의가 많을
때는 부동산이 계속 폭등할 때다.

상투가 아니라는 확신만 있으면 항상 권하겠지만 정책의 방향을
예측할 수 없으므로 2003년 이후에는 신중할 수밖에 없었다. 그리
고 대부분 급등 뒤에는 조정을 거치므로 당장 매수에 가담하기보다
는 조금 잠잠해질 때를 기다려서 사라고 권하곤 했다.

2001년도 가을에도, 2002년과 2003년 봄과 가을 그리고 2004년도
봄까지 예외 없이 강남을 위시한 입지 좋은 동네들은 폭등 후에 조
정을 거쳤다.

그런데 사실 2002년도까지는 거의 무차별적으로 오른 반면 2003년도 이후는 차별화가 심해졌다. 그렇게 폭등을 하던 아파트 가격이 조금 잠잠해지면 폭등 시에 "사야 하느냐"고 물었던 사람들은 진작 사야 할 시점인 조정 시에는 묻지를 않는다.

컨설팅이 이익이 생기면 나눠갖는 일도 아니다. 단지 의뢰자의 문의에 조언하면서 의사 조율을 할 따름이다. 결국 판단은 실제 매수자나 매도자가 해야 하기 때문이다.

묻지도 않는 사람에게 '지금이 살 시점'이라고 좇아가며 이야기를 할 수는 없다. 그냥 불특정 다수를 상대하는 언론이나 책을 통해서 나의 생각을 표현할 따름이다(공교롭게도 나의 첫번째 책은 가장 부동산 시장이 가장 침체했던 2003년 2월에 나왔다.)

그런데 조정을 거쳐 더 높은 값으로 오르기 시작하면 다시 또 물어 보는 사람들이 생겨난다. 그리고 그때 왜 강력하게 권유하지 않았느냐고 항의한다. 바로 급등 시에 추격 매수해 가격을 올리지 말고 조금 잠잠해질 때 사라는 조언은 까맣게 잊어버리고 말이다(잘되면 내 탓이고 잘 못되면 네 탓이지 않은가?)

그런데 대부분의 사람들은 급등 시에만 아파트 살 생각을 한다.

또 "산 후에 가격이 떨어지면 어떡하나"라는 공포로 실행을 하지 못한다. 그런 다음 폭등이 잦아들어 매매가 두절되고 수천씩 떨어지기 시작하면 언제 그랬냐는 듯 그때 사지 않기를 잘했다고 안도한다. 그리고 또 더 큰 폭등이 오면 또 사야 하느냐고 묻는 꼴이다.

그 어느 전문가도 신의 경지에 이를 수 없다. 주식처럼 다음의 폭등이 더 높은 봉우리가 될지 아니면 작은 출렁임일지 아무도 모른다. 그러나 분명한 것은 자기의 주관 없이 시류에 편승하다가는 내 집마련도 재테크도 불가능하다는 것이다.

전체 시장을 보는 거시적인 눈과 개별 부동산을 파악하는 미시적인 눈 그리고 조정 시에 매입을 고려하는 판단 능력과 지혜가 필요하다.

최근 상담을 하자마자 바로 소개한 급매를 구입한 분이 계셨다. 앞으로 오르내림에 상관없이 융자를 갚아나가겠다고 했다. 작년에 비해 20% 정도 떨어진 매물을 분명 입지나 미래가치 등 여러 모로 판단한 후 나의 조언을 참고해 결정을 내린 것이다.

우리 주변에는 때때로 화재, 홍수, 지진 등의 천재지변을 비롯한 여러 위기상황들이 발생한다. 매스컴에 보도된 참상을 본 사람들은 누구 하나라도 침착하게 살 방법을 찾았다면, 사고가 커지는 것을 방지하거나 사상자를 줄일 수 있었을 거라고 얘기한다. 하지만 이런 사람들조차 정작 위기상황에 빠지면 어떠한가? 어느새 이성은 마비돼 버리고 살기 위해 본능적으로 움직이게 된다. 심지어 비상문이나 소화기 같은 간단한 비상 장치를 이용하는 것조차 까맣게 잊어버린다. 그로 인해 충분히 탈출할 수 있는 상황에서도 많은 사람들이 한꺼번에 목숨을 잃는 대형 참사가 일어나기도 한다.

이러한 현상은 투자자들의 심리에서도 나타난다. 투자자들도 위기상황에 빠진 사람들처럼 투자적기에 오히려 이성적인 행동을 하지 못한다. 싼 급매물이 나왔는데도 머뭇거리거나 정작 쳐다보지도 않는다. 위급한 상황에서의 작은 행동이 생사를 가르듯이 부동산 투자에 있어서도 마찬가지다. 상황이 좋지 않을수록 객관적인 정보와 이성적인 판단하에 신속하게 움직여야 한다.

사람들이 돈을 못 버는 이유는 바로 자신의 심리를 거스르지 못하기 때문이다. 컨설팅의 필요성은 바로 이런 심리를 좀더 깨우쳐 주고 올바른 길로 인도하는 데 있다. 하지만 결정권은 당신에게 있다. '말을 물가에 데려가도 강제로 물을 먹일 수는 없는 것'처럼 여기까지가 컨설팅의 한계다.

|에필로그| 인생을 바꾼 내집마련

결혼 후 가장 큰 기쁨은 내집을 마련한 일이다. 물론 첫 아이가 태어났을 때도 기뻤고 처음 책을 냈을 때도 기뻤다. 그러나 내집마련 의 기쁨은 조금 달랐다.

아이가 태어났을 때는 '잘 키울 수 있을까' 하는 부담감이 들었으며 책을 펴냈을 때도 '책이 과연 팔리기나 할까' 하는 우려가 들었다. 그러나 내집마련 후의 기쁨은 오로지 다른 기우 없이 평생 안식할 집을 장만했다는 안도감뿐이었다. 이 기분은 결혼 후 처음 느끼는 것이었다. 그리고 나는 내집 장만 후에 부동산이라는 새로운 세계에 눈을 뜨게 됐다. 돌이켜보면 내집마련이 나의 인생에 이미 정해져 있는 운명적인 수순이었다는 생각이 든다.

처음 집에 대해 관심을 가졌던 것은 초등학교 시절, 서울에서 전셋집에 살기 시작하면서부터인 것 같다. 교육열이 높았던 부모님은 우리 형제들을 모두 서울로 유학 보냈다. 나는 큰형과 누나가 대학과 중학 입학으로 서울로 가자 함께 가서 초등학교에 입학했다.

1960년대 말, 처음 살았던 전셋집은 한옥이었다. 당시 전세금은 15만 원 정도였다. 그런데 매년 이사할 때마다 전세비를 인상하는데도 전셋집의 수준은 점점 더 열악해져 갔다.

당시 어린 나이에도 매번 이사를 할 때마다 몇 가지 의문이 생겼다. 어떻게 1년 후에 돈을 원금 그대로 돌려주면서 공짜로 집주인이 살게 하는지 도저히 이해가 가지 않았다. 그후 이 의문에 대한 해답을 구했는지는 모르겠다. 아마 형들도 제대로 몰랐을 것이다.

아무튼 그 이후 우리는 근사한 양옥집을 샀다. 그리고 그곳에서 10년 이상을 살았다.

지금 내 기억으로 매입가는 350만 원 정도였고 1982년도 팔 시점에서는 2천만 원 정도였던 것 같다.

1987년도에 직장 생활을 처음 시작하면서 내집마련에 대해 고민을 하기 시작했다. 당연히 출퇴근 길 정류장 전봇대에 붙어 있는 빌라 광고전단에 눈길이 가게 됐다. 'OO동 빌라 특별 분양'으로 시작되는 광고들이 덕지덕지 붙어 있었다. 그 광고를 보고 있노라니 집 사는 게 어려운 것은 아닌 듯 보였다. 당장 수백만 원의 돈만 있으면 살 수 있을 것 같았다.

당시 나는 누나 집에서 얹혀사는 처지였다. 그러니 하루 빨리 독립을 하고 싶었다. 그때가 1987년이니 벌써 20년이 다 돼간다. 요즘도 동네 어귀에 비슷한 전단들이 날리는 것을 볼 때마다 아무것도 없었던 그때가 생각나곤 한다.

지금 직장 생활을 시작하는 사람들, 아니 직장을 구하지 못한 수많은 20대들도 내가 옛날 느꼈던 비애를 느끼고 있을까? 아니 이태백(20대 태반이 백수)이 회자되는 요즘은 어쩌면 직장이라도 갖고 있으면서 내집마련을 꿈꾸는 것만으로도 행복일 수 있겠다.

통상 빌라 광고는 총분양가를 예시하지 않고 실입주금 얼마 하는 식으로 광고한다. 전세 ○○○원, 건축주 무이자 융자 ○○○원, 은행 융자 ○○○원, 실투자금 ○○○원 하는 식이다.

전세를 끼고 단기와 장기 융자를 모두 받으면 계약금 수백만 원으로도 내집마련을 할 수 있다고 현혹하는 것이다.

나는 당시에 빌라조차도 쉽게 살 수 있는 처지가 아니었다. 공상만 했지 현실은 그렇게 쉽지 않았다. 당장 계약금 수백만 원이 있어도 1년 후에 갚아야 할 장기와 단기 융자금이 부담스러웠다. 그리고 가장 큰 문제는 전세입자를 내보낼 돈을 축적하는 일이었다.

따라서 빌라를 사는 것을 생각만 했지 실천에 옮기지는 못했다.

만일 빌라를 샀더라도 경제적으로 엄청 고생만 하고 실익은 없었을 거라는 생각이 든다. 새로 분양하는 빌라가 얼마나 투자성이나 환금성이 없는지 그때는 잘 몰랐으니까 말이다.

그 후 얼마 지나지 않아 부동산 가격이 고개를 쳐들기 시작했다. 그리고 1988년도 올림픽을 성대하게 치르면서 우리는 마치 선진국이나 된 것처럼 마이카를 사고 샴페인을 터트렸다. 그 화려한 축제가 많은 사람들에게 고통을 안겨준 부동산 폭등의 전야제인 줄 아는 사람은 아무도 없었다.

어느 날부턴가 전세비를 올려주지 못한 세입자 가장이 자살했다는 뉴스가 신문을 가득 메우기 시작했다. 지금이야 노숙이 일반화돼 있는 풍경이지만 당시로서는 상상하지도 못할 일이었다.

그러던 어느 날 동생이 사온 책을 읽게 되었다. 당시 경실련에서 만든 『땅, 투기의 대상인가 삶의 터전인가』라는 책이었다. 그 책은 제대로 된 토지 정책 없는 2000년대에 강남의 30평대 집값이 10억 원을 넘을 것이라고 경고했다. 실로 놀라운 내용이 아닐 수 없었다. 평생 집 하나 없이 살아갈 것만 같은 생각이 엄습했다. 15년이 지나 경고가 현실화된 지금 다시 전율을 느낄 수밖에 없다.

그 책에는 초등학교 때 가졌던 의문에 대한 해답이 모두 있었다. 내가 부동산에 관심을 갖게 만든 최초의 책이었다.

당시에 나온 책들 중 『땅과 집, 그리고 재벌』(돌베게), 경실련문고 4로 나온 『집, 기쁨과 고통의 뿌리』(비봉출판사) 등이 기억에 남는다. 그때 나는 부동산 폭등이 얼마나 무서운지 알게 되었다.

그후 나는 지난 1998년 봄 IMF의 한파가 전국을 휩쓸 때 D항공사의 몽골 지점장으로 근무하다 한국에 돌아왔다. 그리고 그렇게도 바라던 '내집 장만'을 실현시키고자 매주 집을 보러 목동이나 일산을 돌아다녔다. 당시 목동이나 강남의 아파트들은 1억 원 이상 폭락해 있었다. 과거에는 꿈도 꾸기 어려웠던 집값이 어느 정도 나의 능력 범위로 내려와 있었던 것이다.

그런데 "집을 사야 한다"는 내 생각과는 반대로 주위의 많은 사람들은 "지금 고금리인데 은행에 넣어두지 뭐 하러 집을 사느냐"고 비아냥거렸다. "이제 부동산 신화는 갔다"는 것이었다. 그러나 난 생각이 달랐다. "골이 깊으면 산이 높다"고 더 이상 집값이 내려갈 것 같지 않았다.

사실 해외 근무 중에도 '내집마련'은 큰 숙제였다. 휴가 때 서울에 와서는 집을 보러 다니기도 했다. 서울에서 보내주는 신문 기사중에 아파트 분양이나 시세에 관한 것은 모조리 모았다. 서너 차례 청약을 시도하기도 했으나 그때마다 수십 대 1의 경쟁률은 만만한 것이 아니었다. 계속 떨어지다가 당첨될 확률이 높은 인기 없는 아파트에 청약하기로 맘을 먹었다. 당장 당첨되고 싶었다.

당시 32평의 분양가는 지역에 따라 대략 1억 5천만 원~2억 5천만 원 내외였다. 당첨 확률을 높이고자 입지 여건은 별로지만 회사에서 가까운 아파트의 2군(1/2층과 최상층)에 청약을 했다. 그런데 2대 1의 경쟁률에도 떨어지고 말았다.

아내는 내가 '억세게도 운이 없는 사람'이라며 당분간 청약을 하지 말고 그냥 처가에 계속 살자고 했다(당시 나는 해외 근무를 단신으로 하고 있었으며 그 기간 동안 아내와 아이들은 처가에서 살았다).

집을 보러 다니기 시작한 지 두 달 만에 나는 1억 8천 900만 원에 모두 수리가 됐다는 30평형(전용면적 25.2평)의 집을 장만할 수 있었다. 나는 집을 보자마자 첫눈에 반했다. 1억 9천만 원에 나온 급매 물인데도 100만 원밖에 깎지 못했다. 지금 생각하면 우습지만 매매에 대한 테크닉을 전혀 모르고 계약을 한 것이다. 전 주인은 전 해에 4천만 원 들여서 수리를 했다고 했다. 그렇게 수리를 잘한 집은 잡지에서나 보았다. 그런데 그런 집이 바로 내가 들어가 살 집이라니 꿈속에 있는 기분이었다.

전 주인은 그 아파트를 1997년 여름 2억 2천만 원에 매입해 4천만 원의 수리비를 들여 리모델링을 했다고 한다. 리모델링 비용과 세금까지 포함하면 모두 2억 7천만 원이 든 아파트를 매입한 지 1년 만에 1억 8천 900만 원에 매물로 내놓은 것이다(타이밍이 중요하다는 것을 새삼 느낀다).

전 주인은 이 아파트를 담보로 융자를 받아 상가를 샀다고 한다. 그런데 그 상가가 임대가 안 되고 매달 수백만 원씩 이자를 물어야 했다. 당시 엄청난 고금리였던 것을 생각하면 이해하기 쉬울 것이다.

만일 내가 2 대 1의 경쟁률을 보였던 신정동의 아파트 청약에 당첨이 됐다면 어떠했을까? 나 역시 중도금을 내면서 결국은 입주를 했을 것이다. 분양가가 1억 5천만 원이었던 그 아파트의 현재 시세는 2억 5천만 원이다. 반면 내가 산 아파트는 거의 6억 원이다. 1천만 원의 차이가 3억 5천만 원으로 벌어졌다. 그때 2 대 1의 청약에 당첨이 됐다면 지금의 목동 아파트는 사지 못했을 것이다. '인생지사 새옹지마'라는 말을 실감하지 않을 수 없다.

그런데 집을 사고 나니 내가 가진 재산의 거의 전부인 아파트의 시세 변화에 관심을 갖게 됐다. 수시로 부동산 사이트에 들어가는 것이 취미 아닌 취미가 돼버렸다. 그리고 아파트를 넘어 다른 부동산으로, 급기야는 해외 부동산에까지 관심을 갖게 됐다.

당시에 읽게 된 '부자 아빠' 이야기는 아무 생각 없이 살던 나를 재테크의 중요성에 눈뜨게 했다.

그 이후 난 부동산 책들을 읽어가면서 내가 헛똑똑이에 지나지 않았음을 깨달았다. 당시 12년 간 부동산 시세를 분석하고 보니

1994년도에 비슷했던 아파트 가격이 2000년도에는 3배나 차이가 나 있었던 것이다.

이 놀라운 발견은 비교적 남들이 부러워하는 지역에서 아파트를 장만했음에도 불구하고 강남에 아파트를 사지 않은 것을 후회하게 만들었다. 나는 3년의 양도세 만기를 채우고 강남으로 이사 가자고 아내를 설득했다. 그러나 강남에 대한 까닭 없는 증오를 가지고 있는 아내를 설득하기란 여간 어려운 일이 아니었다.

당시 나는 재테크 연구를 한다고 직장까지 내던진 상태였다. '집 가지고 장난치지 말라'고 아내는 나한테 훈계했다. "집을 팔려면 이혼하고 팔라"는 아내의 협박에 나의 주장은 한낱 헛된 구호일 수밖에 없었다.

대신 나는 나같이 억울한(?) 사람이 없기를 바라며 내집마련에 대한 나의 연구와 단상을 부동산 포털사이트인 닥터아파트에 올렸다. 내가 터득한 진리를 내집마련을 앞둔 사람들에게 알리고 싶었다.

내 자신도 어디서 그런 열정이 솟아올랐는지 지금 생각하면 도저히 이해가 가지 않는다. 밤을 새워 글을 썼다. 쓰다가 시간이 초과돼 다시 썼던 기억도 있다. 그 글은 그동안 아무도 하지 않았던 이야기였기 때문에 반응은 예상외였다. 많은 조회와 함께 아파트 상담에 관한 이메일이 오기 시작했다. 그리고 급기야는 조선일보에서 인터뷰 연락이 왔다. 그 인터뷰는 조선일보 2001년 5월 28일자에 '냉철한 투자 개념으로 접근하라'라는 제목으로 실렸다.

지금 생각하면 정확히 미래를 예측한 것이다. 소형을 팔지 마라. 강남, 강동, 송파의 재건축 아파트를 주목하라. 목동 등의 대단지 아파트를 주목하라. 대형은 나누어서 소형으로 전세 끼고 여러 채 사라, 내집마련과 재테크를 동시에 노려라 등등이 주된 내용이었다.

그리고 조선일보에 부동산 칼럼을 쓰기 시작했다. 그러나 신문에 인터뷰가 나고 칼럼을 쓴다고 해도 여전히 나는 백수였다. 2002년에 한 직장에 다시 취직을 했다. 부동산에 대한 관심이 자연히 식어갔다. 마지막이라는 심정으로 당시 부동산 폭등을 지켜보며 닥터아파트에 글을 올렸다. 1년 전 내가 올린 글을 다시 보라고 말이다. 내가 주장한 대로 했으면 많은 사람들이 돈을 벌었을 텐데 아쉽다는 내용이었다.

그리고 한동안 부동산을 잊고 지냈다. 그런데 내 글을 읽은 이상건 기자가 연락을 했다. 나는 그의 권유로 다시 금융포털 사이트에 매주 부동산 칼럼을 쓰기 시작했다. 그런데 그 글이 인기를 끌면서 책을 내자는 출판사의 제의가 들어온 것이다. 이제는 방송에 고정 출연하며 강의도 하게 됐다.

사실 이 책은 전작 『내집마련 기술』의 미흡한 점을 보완하고 싶은 데서 출발했다. 전작이 내집마련의 각오를 젊은 사람들에게 일깨워 준다면, 이 책은 재테크로서 부동산을 보는 다양한 시각과 생각을 담았다고 할 수 있다. 독자들은 이 책을 통해서 무엇이 가치 있는 아파트인지 알 수 있을 것이다. 어떤 아파트가 오르는 아파트인지도 말이다.

아직도 내집마련에 대해 고민하는 사람들이 많다. 물론 그 고민은 우리 세대만의 것은 아니다. 적어도 정부가 주택을 공급하는 사회주의 체제에 산다고 하더라도 더 나은 주택을 향한 고민이 생길 것이다. 상담을 하면서 너무나도 많은 사람들이 집 때문에 고통 받고 있다는 사실을 알았다. 그 고민에 조금이나마 도움이 되고자 두 번째 책을 기획하게 되었다.

솔직히 첫 책 『내집마련 기술』이 '기술적으로' 미흡하다는 것을 인정하고 싶다. 이 책 역시 무슨 정보를 얻기 위한 책이 아니니 그냥 에세이로 읽어주기 바란다. 구체적인 정보는 수시로 바뀌며 지천으로 널려 있기 때문이다. 대신 오르는 아파트에 대한 특성을 나름대로 연구해서 발표된 글들을 중심으로 엮었다. 아무쪼록 많은 사람들이 이 책을 통해 바람직한 내집마련을 할 수 있다면 좋겠다.

40대에 또 다른 길을 걷게 해주신 주위의 많은 분들에게 감사를 드린다.

There is nothing you can do. There is nothing you can't do.

인생에서 네가 할 수 있는 일은 아무것도 없다. 그러나 네가 할 수 없는 일도 아무것도 없다.

10억 오르는 아파트 고르는 법

초판 1쇄 발행 2004년 11월 30일
초판 4쇄 발행 2006년 2월 20일

지은이 최정환
펴낸이 김연홍

편 집 안현주 조원미
디자인 성희찬
영 업 김은석 송갑호
관 리 박은미 고혜원

펴낸곳 아라크네
출판등록 1999년 10월 12일 제2-2945호
주소 121-865 서울시 마포구 연남동 224-57
전화 02-334-3887 **팩스** 02-334-2068
홈페이지 www.arachne.co.kr **이메일** arachne@arachne.co.kr

값 12,000원

ISBN 89-89903-51-3 03320

잘못된 책은 바꾸어 드립니다.